これから中国はどうなるのか

# 余命半年の中国経済

渡邉哲也
Watanabe Tetsuya

ビジネス社

# はじめに

経済についてわざと難しい専門用語を使い、そこに正解があるかのごとく学術論で語る人がいるが、それにはほとんど意味がなく、まず当たらない。

経済学という学問があるが、それは後付けの理論であり、一種の史学でしかないのである。また、経済における金融の役割が拡大してきたいま、金融を無視した議論も成り立たないのである。

経済とは人の営みそのものであり、社会学的要素も大きい。昔から「景気は気から」といわれるように、消費行動と消費の額を考えると、これは正しい考察といえるのだろう。

「合成の誤謬」という言葉がある。これは個別に見れば正しい行動も、多くの人が付和雷同して同じ行動をとることで間違いになるというものである。これは日本の景気悪化とデフレの最大の原因ともされている。

モノを安く買うこと。これを個人レベルで見るならば正しいといえるのだが、日本中がこれを行った場合、消費額が減少し、同時に販売者や製造者の利益を圧迫することになる。つまり、景気が悪くなってしまうのである。

そして、サブプライム問題発生以降の経済では、政治の役割が大きくなっていることも理解する必要があるだろう。サブプライム問題により、新自由主義の申し子ともいえる米国の投資銀行はＦＲＢの配下に落ちた。これまで米国の投資銀行は自己資金だけで運営し、政府の支援を受けないことで自由を許されてきた。

しかし、サブプライム以降の混乱の中で自己資金だけの運営が厳しくなり、銀行免許を取得した。これによりＦＲＢからの資金支援が得られることになったが、同時にそれは規制を受けるということでもある。また、量的緩和を中心とした金融政策が各国政府と中央銀行によって行われ、それが経済を支えていることも理解すべきだろう。

日本のアベノミクスが典型であるが、政治が経済を動かしているのである。そして、これは日本だけの話ではなく、世界共通の話であり、先般発生したギリシャ問題も政治が経済を動かしたひとつの例であるといえる。

よく経済を生き物にたとえる人がいるが、それは経済が人の営みの集合体だからである。

人、政治、国際世論、社会的要因などさまざまな要素が混じり合い、それが経済を動かしてゆくわけである。だから、無理やり数式に当てはめた議論は意味がない。

そして、経済における血液がお金であり、社会を流れるお金の流れを見ることにより、健全であるか、不健全であるかの判断もできる。

たとえばデフレ状態とは、お金がドロドロになり綺麗に流れていない状態であり、これはさまざまな生活習慣病（慢性的な不景気）の原因になる。そのままでは細かい血管（中小零細企業）から詰まってゆき、さまざまな機能不全を引き起こす原因になる。そして、最終的には全身を蝕んでゆくのである。

これを改善するには、血液をサラサラにする必要がある。これに有効なのは量的緩和であり、お金を刷ることでお金を希薄化させ、流れやすくする政策を打つということになる。

逆にバブルとは、高血圧状態になっている状況であり、これがどんどん

## はじめに

進めば、どこかで血管が破れてしまったり、心臓そのものに大きな影響を与えることになる。そして、それに堪えられなくなった時、バブル崩壊が発生する。

バブル崩壊はただちに金融麻痺を引き起こし、全体の血流（経済活動）が一時的に停止する。同時に大量の血が失われる。その結果、血が通わなくなったところから壊死（不良債権化）が始まり、順番にその影響が他の臓器を侵してゆくのである。これがいま、中国で進行中なのだ。もし筆者が医者であれば、この状態の患者に「余命宣告」をして差し上げなければならないだろう。

本書ではいま中国で起きていることを中心に、それが日本や世界に与える影響を予測し、次の段階で起きることを論理的かつ大胆に予想したいと思っている。本書が皆様のお役に立てれば幸いである。

渡邉哲也

## 第2章 バブル崩壊後、中国はどこに向かうのか

## 第3章　世界を揺るがす移民問題

## 第6章 なにもかもが張り子の虎だった中国

## 第7章 安倍首相の戦後70年談話に中国に対する答えがある

## 終章　滅びゆく中国と日本の親中（媚中）勢力

# 序章

# 習近平訪米で見えてきた中国の終焉

## ローマ法王の訪米ですっかり影の薄かった習近平

2015年9月下旬、米中首脳会談が行われた。この米中首脳会談であるが、中国にとって非常に屈辱的なものであったと言っていいのだろう。9月22日、国家主席・習近平は満を持して米国に到着している。しかし同日、ローマ法王フランシスコが就任後初めて米国を訪問しており、法王を歓迎するためにオバマ大統領をはじめ副大統領もふくめた政府高官およびその家族が出迎えたのだ。最上級のもてなしで、米国はローマ法王を迎え入れたのである。

そして翌23日、ローマ法王はホワイトハウスで歓迎式典に出席。オバマと会談を行い、ワシントン中心部で行われたパレードには沿道に数万人が詰めかけた。その翌日の24日にローマ法王は米国議会で演説を行ったのである。メディアの報道はすべてローマ法王の動向に割かれ、連日、米国国民の注目を集めた。この間、習近平は米国国内、しかも到着地であるシアトルで待たされたのである。

そもそもローマ法王が米国の土地を踏んだのは、国賓として特別機によってアンドリュース空軍基地だったのに対して、習近平が入国したのはやはり特別機であったものの、西

ニューヨークの沿道には8万人の観衆が集まったというローマ法王フランシスのパレード。全米の圧倒的な耳目を集めた。（写真=UPI/amanaimages）

海岸シアトルのボーイング社専用空港だった。そして習近平を出迎えたのはシアトル市長、空港関係者、そしてチベット独立運動家や中国民主化を訴えるデモ隊であった。空港周辺で抗議するデモ隊が出迎えるという非常に悲惨な状況だったのである。

もちろん習近平も国賓、公式訪問である。もともと2組の国賓が訪問する場合は国賓同士、日程が重ならないように配慮されるのが国際的な常識である。それなのに、こうした慣例を破る形で、2組の国賓訪問が同時に行われたのである。その結果、習近平はひたすら待たされたのである。そしてこの間の習近平に関する報道は、米国国内では皆無に等しかったと伝えられる。ローマ法王の一挙手一投足に沸く米国国民の陰に、習近平はかき消

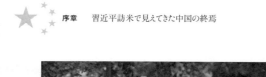

された形になってしまったのである。

なぜこんなことになったのだろうか？　習近平中国共産党に対して、その嫌悪感を隠さない正直すぎる米国の対応である。これは9月3日に中国で行われた「戦勝国軍事パレード」に対する米国のある意味、回答であり、返礼であると筆者は考える。後述するが、中国共産党主催の戦勝国軍事パレードを米国は嫌悪していたのである。

## 経営者会合の裏事情

それでも23日に習近平は、米国中国両国の経済人30人と会合をもっている。米国側の出席者には、来春開業予定の上海ディズニーランドの運営元ウォルト・ディズニーのボブ・アイガー最高経営責任者、中国国内で店舗を倍増させる予定のスターバックス創業者ハワード・シュルツ、そして著名な投資家で中国電気自動車大手の比亜迪（ＢＹＤ）社の大株主であるウォーレン・バフェットなどが名前を連ねた。さらにアップルやマイクロソフト、アマゾンドットコムのＣＥＯが出席している。

中国からはアリババ・グループ創業者ジャック・マー、レノボグループの楊元慶ＣＥＯなどが同席している。これらそうそうたる顔ぶれに、習近平の「集客力」もしくは中国経

2015年９月23日に習近平も同席した米中CEOラウンドテーブル。しかしその運営にはある人物が絡んでいた！　（写真=ZUMAPRESS/amanaimages）

済の底力を感じる読者もいるかもしれない。

だが、これには裏がある。この会合を主催したのはジョージ・W・ブッシュ政権下で財務長官を務めたヘンリー・ポールソンが設立した財団だ。財務長官就任以前にはゴールドマンサックスの会長を務めるなど金融界では大物であるが、江沢民時代から中国寄りの人間としても知られる人物である。

彼の回想録によると、いちばん信頼しているのはなんと中国人！　なのだそうだ。これにはゴールドマンのアジア担当だったことも影響しているようで、財務長官の就任を内諾した時、中国との経済関係を維持・発展させたいとブッシュに伝え、米中戦略経済対話を開始したことを大きな業績として自画自賛している。そのうえ対中制裁法案の成立を阻止するなどの政治的手腕も自慢のひとつのようだ。
なんのことはない。利害関係者が集まったに過ぎないのである。

## インドのモディ首相にも人気で劣った習近平の悲哀

さらに習近平の米国での不人気さを裏付ける出来事が起こっている。インドのモディ首相が24日にニューヨークで国連総会に出席した後、シリコンバレーを訪れ、グーグルのサンダー・ピチャイ（この人はインド人だ）、フェイスブックのマーク・ザッカーバーグ、アップルのティム・クックなど米国主要ＩＴ企業の最高経営責任者らと会った。モディ首相の動向は習近平をはるかに超える注目を浴びたのだ。

「シリコンバレーで、モディを待ちかまえるＩＴ産業メッカの熱気は凄い、モディはまるでロックスターのようである」（ザタイムズオブインディア２０１５年9月25日）

なにしろスーパーボウルが開かれる7万人収容のスタジアムで行われたモディ演説会のチケットはたちまち売り切れてしまったそうだ。同時にいまの米国のＩＴ技術がインドの技術者によって作られ支えられていることを世界中に強くアピールしたことになった。

ご存知のように、中国とインドはその人口の多さで注目を浴びる双肩である。日本では中国の情報ばかりが取りざたされるが、インドもモディ首相が「モディノミクス」なる言葉で経済を主導していることは忘れてはいけない。かつて流行ったＢＲＩＣｓで名前を連ねたインドと中国は隣接する大国であり、ライバルであり、国境紛争を引き起こしている。

そのインドに遅れを取る形になったのは、習近平にとって哀れというか、かなりツライ事態だったのではないだろうか。

## 航空機３００機購入の罠

さらに24日、習近平はシアトルにあるボーイング社工場を訪れている。そして同社職員６００人の前でボーイング機３００機を購入すると述べたのだ。購入価格は合計約３８０億ドル（約4兆５６６３億円）とみられている。

３００機の内訳は、座席数は１２０〜１５０程度と比較的小型なボーイング７３７型機（Ｂ７３７）２５０機と、大型のワイドボディ機50機。中国は１９７2年以来、ボーイング機を１５００機以上購入しており、２０１5年についてはＢ７３７の販売の約3分の1が中国向けと習近平は胸を張った。

旅客機３００機の購入の見返りとして、ボーイング社の海外生産拠点建設について、中国・浙江省に組み立て工場の一部を設置することとなったという。

ご存知だと思うが、ボーイング737は世界でもっとも売れた（約7500機）飛行機であるが、安価な飛行機でもある。そして技術的には枯れたものも多いといっていいだろう。たしかにコックピット内のハイテク技術などこそ先端のものも使われているが、機体そのものは古い素材であり、とても最先端の飛行機とは呼べないだろう。

また中国国内の工場で最終工程を担うと言ってはいるが、椅子の設置などの内装作業であり、たいしたことはやらないのが実情である。これが米国から中国へのお返しだったわけである。

通常、このような首脳会談が行われる場合はお互いが手土産を持ち寄って交換するのが慣例となっている。中国からの手土産は飛行機代4兆5000億円、それに対して米国側の手土産は「ボーイング737」の一部製造移管という、ほんのひと握りのものに過ぎない。まったく釣り合わないものであったと言えるだろう。

## なんの成果もあげられなかった中国

結果的に、米中首脳会談自体も平行線、中国にとって不発に終わったと言っていいだろう。人権やチベット問題などは中国側が反論、拒否の姿勢だったが、サイバー問題では合意した。もちろんサイバー攻撃の関与をもともと中国は否定しているので、今回の合意に意味があるわけがない。南シナ海などの岩礁埋め立て問題にオバマは「深刻な懸念」（共同会見）と強調してみせたが、「同地は中国領」と反論で終わっている。

中国側がいちばんこだわった人民元を国際通貨基金（ＩＭＦ）の主要通貨に組み入れてもらう話も、とうとう「イエス」の言質《げんち》はもらえなかった。「基準を満たせば」という条件付き（ということは永遠に「ノー」の可能性もある）で喜んでいるわけがない。そもそも中国は人民元の通貨としての信用を高める目的で、特別引き出し権（ＳＤＲ）を構成する通貨入りを望んでいた。いまは米ドル、日本円、ユーロ、英ポンドで構成されている。

しかし、考えていただきたい。これらの通貨は相場で価値が決まっているが、人民元は為替レートや取引の自由度に政府の干渉が強い通貨である。こんなものが国際的な信認を得られるだろうか。ここに中国政府の「あせり」を感じるのは著者だけだろうか。

もちろん中国政府も事前の根回しに抜かりはなかった。習近平訪米直前に、フランス・イギリス両国の財務担当大臣が北京を訪れ、人民元のＳＤＲ入りへの支持を表明させている。

ＩＭＦの関係者の中にも8月の実質的人民元の切り下げを歓迎する声も上がっていた。

2015年9月25日の米中首脳会談のオバマと習近平。なにかよそよそしく、視線も合わせない。
（写真=UPI/amanaimages）

それでもＩＭＦの実質的なオーナーといえる米国政府の首を縦に振らせることはできなかったのである。これについては別章で詳しく申し上げたい。

また会談で中国が２０１７年に全国で排出量取引を導入するなどの環境問題、気候変動についての取り組みをすることになった。一部の報道ではこれを喜ぶべきこと歓迎すべきことと報じているが、なんのことはない。米中首脳会談前に、ローマ法王がオバマに要請した環境への取り組みをそのまま米国は中国に押し付けたのである。

米国は言いたいことやらせたいことを一方的にがなり立てるが、中国は中国でほぼ聞く耳を持たない。そんなやりとりの応酬であった。筆者はそんな印象をもった。もちろん習近平は共同会見でかねてから主張する「米中の新型大国関係」の実現を訴えたが、誰も聞く耳は持っていなかったはずである。

第1章

# ついに訪れた中国バブル崩壊

## 天津の経済発展のショーウインドー的エリアで起きた大爆発

中国のバブルが崩壊した。株式に始まった中国のバブル崩壊は、「第1波」株価大幅下落のファーストショック、「第2波」さらなる株価下落を生むセカンドショック、「第3波」実体経済の悪化を受けてさらなる株価下落を生むサードショック、というプロセスを非常に速い速度で、まるで崖を転げ落ちるかのように進んだ。

通常、バブルが崩壊して、第1波、第2波、第3波といわれる波及崩壊までの間には、1ヵ月から2ヵ月程度の時間差があるとされており、実体経済の明確な悪化には半年から8ヵ月程度の時間が必要とされているのであるが、中国の場合、そのプロセスが非常に速いのが特徴といえる。

不幸な時にはえてして不幸なことが続くことが多い。中国にとってのそれは、8月12日午後11時半に発生した天津大爆発であった。もちろん天津の大爆発そのものの影響もあるのだが、それと同時に世界中の人たちが中国のバブル崩壊、株価崩壊を直視してしまった、というところに大きな心理的な意味合いがある。

要は、世界中でCNN、BBCなどの国際放送を見ている人たちは、天津の大爆発と中

2015年8月12日の天津大爆発は来るべき中国の姿を表している。
（写真=Imaginechina/Corbis/amanaimages）

国の株価崩壊を、連続して何日も何日も見させられ続けたことになる。これにより中国のバブル崩壊が印象付けられた、一種の洗脳が行われたといってもよいのだろう。「中国は終わった」と世界中が判断してしまったわけである。

それが表出したのが、8月11日からの人民元切り下げ後に起きた、バブル崩壊「第3の波」の到来であった。

この背景には、中国の実体経済悪化への懸念が横たわっている。これは天津大爆発も含めた「洗脳」の結果であるともいえる。

天津港は取扱量世界第4位の貿易港で、首都北京の物流の窓口になっている港である。知ってのとおり、北京は海に面してない。

そのため北京の東隣に位置する、古くからの国際港湾である天津が北京向けの物流拠点として機能してきた。

今回爆発が起きたのは沿岸部、中国の国家プロジェクトとして位置づけられている天津経済技術開発区（通称ＴＥＤＡ）。高速道路やモノレールでのアクセスに優れ、コンベンションセンターや高層住宅が林立する、天津の経済発展のショーウインドー的なエリアとして知られる。ここが破壊されたということは非常に大きな意味を持つ。

飛散した有害物質はシアン化ナトリウムだけで７００トンといわれ、これは23億人から27億人の致死量にも相当する。それ以外にも何十種類もの有害物質が周辺に拡散されているといわれており、この影響がどこまで進むかもわからない。

日系企業で最大の被害に遭ったのはトヨタの天津工場であった。ここではクラウンやカローラなど大陸の富裕層向けの完成車を生産している。

ちなみにトヨタの工場のある場所は事故現場から約2キロと、距離的にも非常に近い。トヨタは「営業再開をした」とは示しているが、これがいつ完全復興できるかわからない現状にある。

## さしもの中国も隠蔽できなかった歪んだ発展の表面化

また、今回の拡散がこれだけで済むものであるかどうかも不透明だ。

なぜなら、有害物質が雨によって地中に浸み込んでおり、どこまで汚染が進んでいるのか、また地下水等によって被害が拡散する可能性も考えられるために、将来的な影響がどこまでおよぶのか、まったく見当がつかないのである。

中国はこれまで大事故が発生した際、とにかく隠蔽に走った。２０１１年に温州で起きた高速鉄道の衝突脱線事故がその典型で、事故車両をさっさと埋めて、世界中の顰蹙を買ったのは記憶に新しい。

自分に不都合なものは埋めて隠すのが中国の伝統的な解決法なのだ。それでも今回の天津の大爆発に関しては、爆発規模があまりに巨大であったため、中国流隠蔽方式ではとても歯が立たなかった。

さらに中国にとって不幸だったのは、天津のＴＥＤＡは、中国政府が改革開放路線をスタートした時のもっとも早い時期に外国人に解放された開発区のひとつであったことだ。

つまり、ここの居住者は外国人が非常に多いということなのだ。天津に「トヨタ村」を持

天津大爆発後の様子。なかなか復旧作業ははかどっていない。
（写真=Imaginechina/amanaimages）

つトヨタ自動車はその代表格であり、パナソニックや大塚製薬など、さまざまな企業が天津に工場や開発拠点を構えている。

この開発拠点が外国人に解放されていることが、国際的に大きく報じられる原因にもなった。いかに中国政府といえども、このように自由化されればアンネイブルコントロール（操縦不能）になることを象徴するかの出来事でもあった。

もし、これが中国の山間部で起きて、外国人のいない地域であれば、「爆発した」と報じられただけで済んでいたかもしれない。

今回の大爆発事故は偶然起きたのではなく、必然であったといえるだろう。ハインリッヒの法則（1件の大事故の陰に29件の小さい事故があり、300件のヒヤリ・ハットが起きているという、いわゆる「ヒヤリハット」事故）の典型であるからだ。

実は中国では至るところで爆発が起きていた。天津の大爆発によって、過去の隠蔽が顕在化したわけで、歪んだ発展の表面化ともいえるものなのである。

天津大爆発以降、中国では連日のように爆発事故が報じられているが、これは中国政府が国際社会から圧力を受け、さすがに公示せざるを得なくなったのであろう。しかし、いまだに詳細すべてが明らかになっているわけではない。

## トヨタにとって非常にリスキーな天津工場の継続操業

天津大爆発によって周囲の土地に汚染被害がおよぶのは必至だが、もし中国共産党系の中国企業が工場を運営しているのであれば問題にならなかったかもしれない。

だが、被害を受けたのがグローバル企業のトヨタのような外国企業の場合、土壌汚染が明確な土地で操業を続けることができるのであろうか。

汚染された事実は世界に知れ渡っており、その影響について、世界は中国当局に公開と説明を求めている。しかし、中国当局はこれを開示していない。

そのような状況にある地域において、グローバル企業がそのまま従業員を使って営業を

2015年9月、天津では健康被害を訴える人々が街中でデモを始めていた。
（写真=Geovien So/Demotix/Corbis/amanaimages）

継続できるかといえば、私が考えるに「ノー」としか言えない。

どれだけ汚染されているかわからない工場で従業員を働かせることになる。飛散物質は高い発ガン性を有しており、それによって従業員からガンになったと訴えられた場合、中国政府の国有企業ならばいざ知らず、日本企業のトヨタが膨大な賠償金を毟り取られるのは目に見えている。

また、訴訟が国際的な批判に拡大し、日本企業の製品の不買運動にもつながりかねない。中長期的に考えた場合、そのリスクは非常に高い。

そのようなことを勘案すると、大爆発事故を起こした天津周辺の汚染地域に関しては、将来に向けての発展は絶望的だといわざるを得ない。

さらに不幸な点を指摘するならば、爆発地点が天津のメインゲートから5キロ程度しか離れていないということであろう。

大爆発の数日後、爆発地点から6キロの地点、天津港メインゲートの入口にあたる河川部で、魚の大量死が見つかった。汚染物質なり毒物がどこからどのように流れ出たのか、そこに行き着いたのかはわかっていない。

## 天津の死が中国の死を招く

先にも述べたが、天津ＴＥＤＡとは外資企業を呼び込んだ鳴り物入りの経済技術開発区である。ボーイング、トヨタ、パナソニックなどグローバル企業の中国国内における最先端の開発拠点でもあった。

一方、天津に移転してきた中国のロケット開発の拠点も、今回の事故により壊滅的なダメージを受けた。ひいては、中国の科学的な発展にも中長期的に影響を与えることになった。

天津で中国の先端企業が研究開発を行うのにはそれなりの理由がある。それは中国企業には部品が作れないことに収斂する。

トヨタが天津に進出してきたことで、日本からトヨタの系列企業が多数連れ立って進出し、天津を産業集積地に仕立てた。そうした系列企業であれば、小ロットであろうとも非常に精度の高い部品を生産することができるわけで、中国の先端企業にとって非常に心強い存在だったのだ。

ところが、仮にトヨタ本体が天津工場での生産を止めた場合、その中小零細の周辺にある企業も一気に天津から退出してしまう。それは将来の中国経済の死を意味するのだ。

また、サプライチェーンについても考えなくてはならないだろう。なぜ、8月18日の日本のお盆明けから再び株価が急激に変動し、下落したかといえば、日本企業が再開された要素も強かったのだ。

トヨタがその典型であったように、天津の工場は日本のお盆休みに合わせて休業に入っていた。あの爆発時にトヨタの社員に犠牲者が出なかったのは、すでに休みに入っていたからに過ぎない。

操業再開が近づくにつれ、その影響が試算されるようになり、リスクマネジメントが始まったというのも、ひとつの理由なのである。

また、ワールド・サプライチェーンという要素から見ても、今回の事故のおよぼす影響は深刻だ。

世界中の製品のほとんどは、ひとつの工場で自己完結しているわけではない。国際的な巨大サプライチェーンを利用することにより成立している。そのサプライチェーンからの天津の切り離しが、もうすでに始まっているわけだ。

日本企業の多くは、天津に置いていた開発拠点を上海や他の港に移し始めている。それでもこの影響は、最低3ヵ月から半年は続くのである。いったんサプライチェーンから外された場合、それより有利な条件が成立しない限り、再び天津にサプライチェーンの拠点を持って来ることはない。天津の「死」が中国の「死」を招きかねないわけである。

## 高まる物流負担と価格競争力の低下

もうひとつの問題がある。物流やモノの流通において、もっとも大きな問題を生じさせるのは、「延滞」である。

物流は常に流動していなければならず、どこかで延滞が起こると、物流のネットワークそのものが崩壊してしまう。日本でも数年前に郵政事業において部分的滞留が起こったが、この時もすべてのネットワークに大混乱を生じさせた。

世界第4位の貿易港である天津の荷物を周辺の港に回したところで、道路が混乱するだけで、道路の渋滞によって物流の時間ロスと物流コストロスが大量に発生するだけだ。これを代替するような二重のネットワークは中国国内では構築されておらず、それを考えた場合、この天津大爆発事故によって、中国の物流負担が急激に高まることは想像に難くない。

また今回、グローバル企業の輸出用、輸入用の製品が大量に破壊されたことから、中国の保険料率が一気に上がる可能性がある。

各社は貿易リスクに対応するため船の積荷等に保険をかけているが、この料率が上がるわけである。特に今回のように大事故が起きて、その再発防止処置がとられていない現状においては、各保険会社が料率を一気に上げてくる可能性が高い。

この場合、中国の生産コスト全体に大きなストレスがかかることになる。ただでさえ国際的な価格競争で劣勢を強いられている中国にとって、これは非常に大きなリスクとなるはずだ。

## 2015年6月から始まったファーストショック

前述したとおり、中国のバブル崩壊第1弾は、株式に始まった。

6月12日の最高値から7月8日のクラッシュまでの間に、中国市場の株式時価総額の約35パーセント前後の金額が失われた。

それまで中国市場の株式総額は短期間で異常な伸びをみせていた。

6月中旬に最高値をつけるまでの1年間に約2・5倍、年初から60％近く上昇した。

株価急騰の最大の要因は、他の金融商品の利回りがリスクに見合わなくなったためであり、魅力的な投資先がなくなったことだった。

中国の株式市場の市場規模は1年で4兆ドルから、中国のGDPと同レベルの10兆ドル程度まで拡大した。この拡大資金は、不採算に陥った不動産市場や債券市場から流れ込んだお金と、「信用取引」などにより膨れ上がった「フェイクマネー」であったと考えられる。

これが一気に失われたのが6月中旬からの株価下落（時価総額400兆円以上）であった。

この事態を受けて中国政府は、株価下落を食い止めるため、プライス・キープ・オペレーション（PKO）等さまざまな強硬策をとった。

2015年7月から始まったチャイナショックで心配そうに株式ボードを見上げる中国の老人たち。彼らがいちばんの被害者だ。

（写真=Imaginechina/amanaimages）

政府のなりふり構わぬ措置により、株式市場は一時的に落ち着きを取り戻したかのように見えたが、7月28日に再び崩壊を始めた。これは、セカンドショックといわれる現象である。

株価が約8・5％下落した原因はさまざまだが、国際社会からの強行的な政策への批判から株価対策が打ち切られるという噂や、「中国の実体経済を示す指数などが悪かったこと」が大きな要因と言われている。

いくら当局が株価を釣り上げたところで、実体経済が悪く、企業業績が改善されなければ、配当は減少し、破綻リスクも高まる。

中国本土の上場企業の予想配当利回り（ＰＥＲ）は20倍程度であるが、非金融分野だけでみれば40倍以上で高過ぎる水準にあったし、現在も変わっていない。

これが改善されるためには景気が改善され、実体経済がプラスに転じる必要があるのだが、現在のところ見通しはまったく厳しいと言わざるを得ない。

## そして8月21日のサードショック

そして、実体経済の悪化を踏まえたサードショックが訪れることになる。

バブル崩壊とは、特定のマーケットのみならず、他のマーケットに波及しながらそれらを巻き込んで破壊していくことが、一種の特徴ともいえる。当初、株式に始まったバブル崩壊であったが、サードショックに陥った段階においては、これが資源市場に大きく波及した。

この時、WTI原油先物は40ドルを割り込む状況となった。これは石油の需給関係の悪化が原因だとされている。

また、7月8日以降、中国の機関投資家、資源投資ファンドなどは、一気に手持ちのクローズを進めていった。これも世界的な資源価格下落の大きな要因となったはずだ。

なぜ中国人全般が株式に資金を投下するかといえば、不動産も駄目、利回りが全部逆ザヤ状態になっていた中で、株式にすがるほか手立てがなかったからに他ならない。

そもそも上海株は、昨年の11月まで3年近く2000ポイント近辺で低迷していたが、同月から数度にわたり行われた中国の中央銀行による金融緩和や、個人の証券取引に対する規制緩和などに背中を押され、上海株は急上昇し始めた。

また、拙著『中国壊滅』にも書いたように、土地バブルの崩壊により、行き場を失った資金が株式市場に流れ込んだという背景もあった。政府が金融緩和を繰り返したことで、さらなる株高気運が生まれ、大量の個人投資家が株式市場に殺到した。

なにしろ中国株の売買高の8割は個人投資家が行っているとされているのだ。しかも、2014年末に1億8000万だった個人の証券口座数は、2015年6月には2億2500万と、実に半年で4500万件、割合にして25%も増加していた。

中国政府による金融緩和や「株投資奨励策」ともいえる規制緩和が、個人投資家の増大と株価急上昇を招いた。今年6月12日には、2008年1月以来の高値である5166ポイントを記録した。

そして、ここにおいて生まれた大量の資金が、中国国内の内需と、海外での「爆買い」を支えていたことは間違いがないわけである。

## 「世界の銀行ランキング」トップ20（2015年）

| 順位 | 銀行名 | 昨年の順位 | 資産（100万USドル） |
|---|---|---|---|
| ❶ | 中国工商銀行（ICBC）（中国） | ① | 3,124,474 |
| ❷ | 中国建設銀行（中国） | ⑥ | 2,537,402 |
| ❸ | BNPパリバ（フランス） | ③ | 2,474,078 |
| ❹ | 中国農業銀行（中国） | ⑦ | 2,405,091 |
| ❺ | 中国銀行（中国） | ⑩ | 2,291,492 |
| ❻ | ドイツ銀行（ドイツ） | ② | 2,214,678 |
| ❼ | バークレイズ（英国） | ⑤ | 2,173,936 |
| ❽ | ゆうちょ銀行（日本） | ⑧ | 2,118,752 |
| ❾ | クレディ・アグリコル（フランス） | ④ | 2,112,250 |
| ❿ | 三菱東京UFJ銀行（日本） | ⑪ | 1,948,128 |
| ⓫ | JPモルガン・チェース（米国） | ⑫ | 1,945,467 |
| ⓬ | ソシエテ・ジェネラル（フランス） | ⑮ | 1,697,721 |
| ⓭ | ロイヤル・バンク・オブ・スコットランド（英国） | ⑨ | 1,688,912 |
| ⓮ | BPCE（フランス） | ⑰ | 1,544,145 |
| ⓯ | サンタンデール・セントラル・イスパノ銀行（スペイン） | ⑬ | 1,533,312 |
| ⓰ | 三井住友銀行（日本） | ⑭ | 1,518,269 |
| ⓱ | バンク・オブ・アメリカ（米国） | ⑱ | 1,433,716 |
| ⓲ | ロイズTSB（英国） | ⑯ | 1,427,395 |
| ⓳ | ウェルズ・ファーゴ（米国） | ⑳ | 1,373,600 |
| ⓴ | 国家開発銀行（CDB）（中国） | ㉔ | 1,352,212 |

出典：各社決算資料、ACCUITY「BANK RANKINGS-TOP BANKS IN THE WORLD」

とかくあぶく銭といわれるものは、人々の財布のヒモを緩くする。要は、あぶく銭が消費に向っていたというのが中国の旺盛な内需の〝正体〟であり、中国人による海外での膨大な買い物に反映したといえるのだろう。

これは、日本でもかつてあった光景ではないだろうか。日本もバブル末期、「東京の地価で米国全土が買える」といわれる水準まで地価が上昇した。

その結果、もう国内の不動産投資ができないと判断した投資家たちは、海外に目を向けた。三菱地所によるロックフェラーセンタービルの買収はその典型であろう。また、日本企業は「財テク」に手を出し、本業以外の金融収入をどうやって増やすかということに奔走した。

これと同じことが、いま、中国で起きているのだ。

## 世界同時株安を招いたフォースショック

ちなみに、中国企業の多くは資源投資に手を出していたわけだが、バブルが崩壊し、基本的な市場システムにおける需要部分が減少する予測の中、また中国人たちが買い支えていた中国資金が価格を吊り上げる原因となっていた資源市場において、中国勢が退場することは、同市場の総資金量の減少を意味する。この第3波は世界に波及し、資源価格のバブルをも崩壊させてしまったわけである。

7月に始まった中国のバブル崩壊、それに続いた資源価格のバブル崩壊により、世界のマーケットから約5兆ドルの資金が一気に失われてしまった。

まだ続きがある。株式バブル崩壊はそれでは終わらず、さらなる「第4波」フォースショックなるものが待ち受けていた。8月20日、震源はまたしても上海株、上海総合指数の暴落だった。

サードショック以降、政府の支援策によって小康状態を保っていた中国の株式市場だったが、20日から急速に下げを強め始めた。中国の景気減速への根強い懸念に加え、本章で解説した天津爆発事故の影響が出てきたと思われる。

ここから上海総合指数はつるべ落としのように急落した。17日に3993だったのが20日には3664、26日には底値の2927まで下がった。前日の25日は1日で7・6％安、市場は大混乱に陥った。

さらに、このフォースショックはついに中国から世界へと飛び火した。

株安は日米欧、アジア諸国へと瞬く間に伝播し、世界同時株安を引き起こした。NYダウは一時、史上初の1000ドル超の下げを記録した。

中国政府は再度の利下げと預金準備率の引き下げ、加えて5000億元の短期資金供給によって株価下落を食い止めるのに懸命の姿勢を示したが、その効果がいつまで続くのかは不透明である。

## 中国フェイクマネーの終焉

なぜ株式市場などで膨大な資金が一気に失われるかといえば、いわゆる「フェイクマネー」といわれる、実体のない資金が存在するからである。

世界のマーケットは、実際に中央銀行が刷った現物のお金に対して、60倍程度に膨れ上がっているといわれている。

たとえば、家を買う、不動産ローンを組む、それを銀行が証券化する、また、信用取引等の証拠金取引でレバレッジをかけて売買をする。またデリバティブ等、それを売る権利・買う権利というギャンブルで膨れ上がる。このような形で、実際に市中にある資金に対して60倍ものお金があるように見えているわけである。

こうした現実を知らない人たちは、よく陰謀論を持ち出すわけだが、「自分が損をした。

これは誰かが持っていったに違いない」というのは間違いだ。バブルの資金とは、「あったかのように見えていただけ」なのだから、当然、泡のように一瞬にして消えてしまうわけである。

たとえば、10倍の証拠金取引を行っていた場合、1割の株価が下落すると10倍の資金が消える。このお金がマーケットから存在しなくなることにする。それがレバレッジが立っている世界であり、いまの世界経済ということになるわけである。フェイクマネーであろうが実体経済のお金であろうが、時価総額という概念で見れば、まったく同じものでしかないのだ。

ここで、バブルと経済循環の仕組みを説明しておこう。

昔から、経済は生き物であると言われているが、現在、経済学においても、経済を生態系にたとえたり、社会学的に捉える動きが強まっている。いわゆるシカゴ学派を代表とする新自由主義の台頭により忘れられていた「ハイマン・ミンスキー」の再評価がその典型例であるといえよう。

ミンスキーの理論は、サブプライム問題時、世界最大級の債券ファンドであるPIMCOのポール・マカリーにより取り上げられ、再び脚光を浴びることになったのである。

ミンスキーの金融不安定仮説とは以下のものである。

1　経済が好調なとき、投資家はリスクを取る。
2　リスクに見合ったリターンが取れなくなる水準まで、リスクを取る。
3　何かのショックでリスクが拡大する。
4　慌てた投資家が資産を売却する。
5　資産価格が暴落する。
6　投資家が債務超過に陥り、破産する。
7　投資家に融資していた銀行が破綻する。
8　中央銀行が銀行を救済する（'Minsky Moment'）。

そして、最初に戻るというものである。

そして、彼は金融を「通常金融」「ヘッジ金融」「投機的金融」「ポンツィ金融」という4種類に分類し、ポンツィ金融の割合が高まれば高まるほど金融全体が不安定化するという理論を展開した。

では、ポンツィ（Ponzi）とは何か？　ポンツィとは、出資金詐欺やねずみ講で有名になった詐欺師の名前である。以来、詐欺的金融をポンツィ金融やポンツィスキームと呼ぶのである。

では、いまの中国はどの過程にあるのだろうか。

現在、中国は3と4の過程にあるといえる。そして、バブル崩壊の本格化は5のプロセスが発生した時に明確化する。そして、この段階で経済の血流であるお金が一気に消滅するのである。

## バブル崩壊の最大の被害者は中国の高齢者層である

今回の株式バブル崩壊で、もっとも深刻なのは富裕層などではなく、一般大衆の高齢者層ではなかろうか。

中国では公的年金制度が整備されておらず、老後の資金を自ら用意しておく必要がある。また、１９７９年から始まった一人っ子政策により、老後の扶養を子どもたちに容易に頼れない構造もある。

一人っ子政策開始から30年以上が経過し、１人の子供に両親とその祖父母がのしかかる構造になっているわけである。2人の親から1人の子供、これが2世代進むと1人の子供が8人の肉親を扶養しなくてはいけないことになる。

だからこそ、老後資金を自ら貯める必要があり、少ない原資を大きく膨らませる努力が必要だったわけである。

先述したように、銀行預金はもちろんのこと、利回りがすべて逆ザヤになってしまった現実の中で、高齢者層が株式投資に向かっていったことを、われわれは単純に責めることはできない。もう他に手段は見当たらなかったのだ。

そして、ここで生まれた「あぶく銭」が中国の新興富裕層と中国の強い消費を支えていたのである。

今回の暴落は、資産を維持しなくてはいけない高齢者にもっとも被害が及んでいる可能性が高い。これはデフォルトが増加傾向にある理財商品とともに大きな社会問題化する可能性がきわめて高いということだ。

# 第2章

# バブル崩壊後、中国はどこに向かうのか

## デレバレッジの波に呑み込まれた中国の株式マーケット

6月半ばから始まった中国のバブル崩壊。これが大きな衝撃を持って迎えられたのは、ギリシャ問題がきっかけである。ギリシャと欧州との話し合い、債務返済の話し合いが決裂し、それによってギリシャ崩壊のリスクが一気に高まった。

つまりそれは欧州の崩壊リスクが高まったことを意味し、当然、このような流れが起きれば、世界中のマーケットは、「デレバレッジ」へと強く傾斜していく。

デレバレッジとは、たとえば10倍の信用取引をしていたものを、5倍まで落とす動きだと認識していただければよい。1人ではたいした金額ではないものの、それが世界中で行われると巨大な金額になる。

このデレバレッジへの傾斜をきっかけに、世界の株価が急落した。それに合わせるかのごとく、中国のバブル崩壊も、それ以上の大変動を起こしてしまった。デレバレッジの波に呑み込まれたのだ。

ただでさえバブル状態にあり、追証が必要な状態にあった中国の株式マーケットが暴落した。あまりの株価下落に多くの中国の投資家たちは耐え切れず、マーケットからの退場

## 中国をめぐる経済の動き

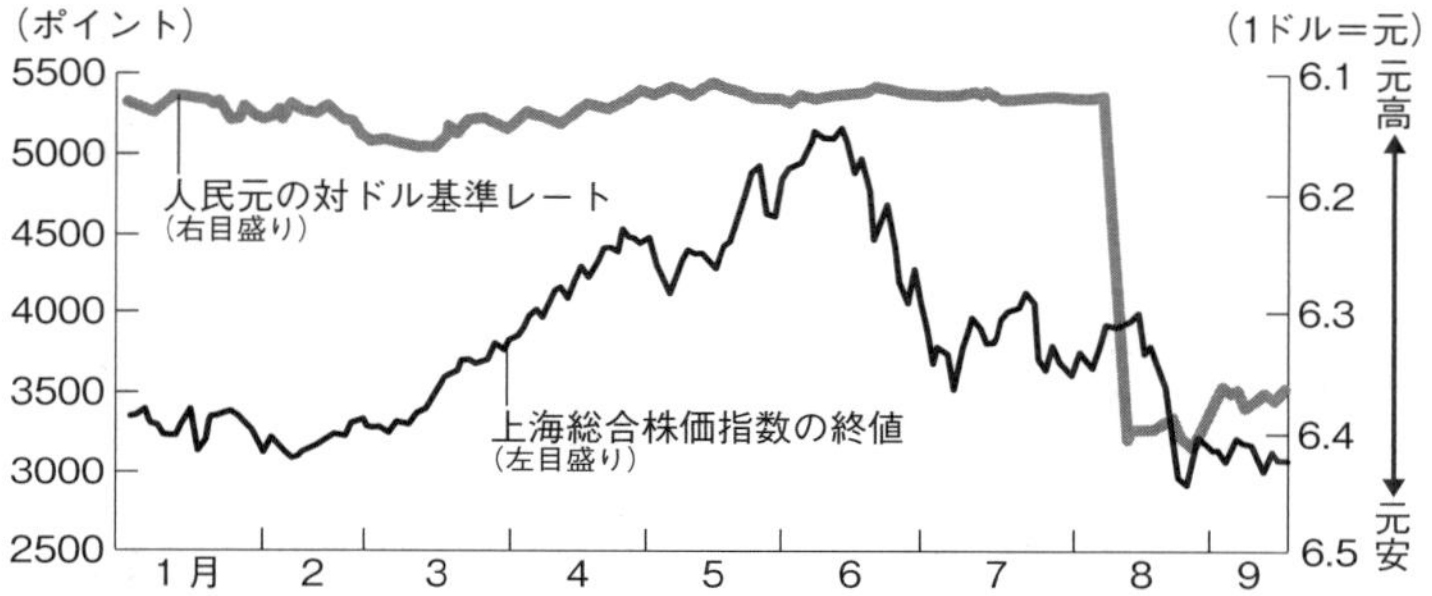


3/23　中国の李克強首相がＩＭＦのラガルド専務理事に人民元の特別引き出し権（ＳＤＲ）入りを要請

4/15　ＡＩＩＢに欧州主要国など57カ国が参加表明と発表

4/20　中国の「シルクロード基金」が第1号案件への出資を発表

5/26　ＩＭＦが人民元を「もう過小評価されていない」として見方を転換

6/28　中国人民銀が今年3回目の利下げ

7/4　中国政府が株式市場への大規模な介入策を打ち出し始める

8/11　中国人民銀が人民元レートを実質切り下げ。米財務省「改革のいかなる逆行も問題」と声明

8/26　中国人民銀が今年4回目の利下げ

9/17　ＦＲＢが利上げ見送り

を強いられたのだった。

これを受けて、中国政府は大手証券会社に2・4兆円にもおよぶＰＫＯ（プライス・キープ・オペレーション）買いを命じるとともに、ＩＰＯ（新規上場）の停止、大口投資家や経営陣などに対する1年間の株式売却禁止、「悪質な空売り」の禁止、下落株の売買停止など規制処置、信用取引向け融資を行う国営中国証券金融による証券会社に対する資金供給、中国人民銀行による証券会社向け特別融資（特融）などを行った。

しかし、これで失われた資金、失われた投資家たちが戻ってくるわけではない。

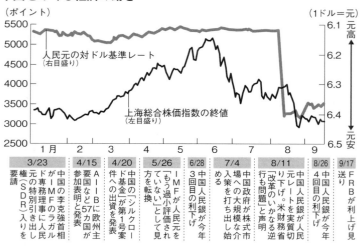

## 証券会社に預託金を積めなかった一般投資家

中国の株式マーケットは、すでにハイレバレッジのマーケットになっていた。

ちなみに、中国の株式の信用取引には2種類がある。

ひとつは「場外配資」（外部信用取引）というものだ。中国では信用取引を行う個人投資家の多くが、「場外配資」と呼ばれる融資会社を通して行っている。というのも、中国の証券会社では、最低50万元（約1000万円）の預託金あるいは証券資産が必要という高いハードルが設定されているためである。

そこで「場外配資」は、預託金を積めない一般投資家に対して資金を提供、信用取引を可能にするグレーゾーンを担当してきた。もちろん、担保はしっかりとる。信用取引の元になる証拠金を、個人所有の不動産などを担保に貸し出している。

さらにその金利は、レバレッジなどにもよるが年利10％以上、会社によっては日歩（日貸）をとっているのである。そのため、度重なる株価の暴落によって何が起こるのか予想もつかないと言われている。

多くの一般投資家は種銭が少なくて済む、この場外配資に頼っていたのであるが、あまりの株価急落に、場外配資への返済が追いつかなくなった可能性も高いわけである。

投資家は証拠金を割り込んだら強制清算される仕組みだが、今回はこの強制清算が正常に行われなかった可能性も非常に高いと思われる。なぜならば、前日の終値と比較して10%を超える寄り付きが生じている場合には売買ができないからだ。

中国政府は7月8日の時点で、49%の銘柄を売買停止とした。ストップ安銘柄を含めると、売買停止銘柄は全体の74%にも達したのである。つまり、マーケットの4分の3が売りたくても売れない状態に置かれたのだ。この状況の中で、損切りをしたくてもできなかった投資家が大量に生まれてしまったと思われる。

決して消えることがないのが追証の恐さだ。中国においてはなおさらである。この時、中国人の投資家たちはどのような追い込みを受けたのだろうか…。想像するだけで空恐ろしい。

だが、場外配資には現物株を融通する仕組みはないため、場外配資を利用した信用売りはできない。あくまで信用買いだけだ。したがって、場外配資に頼る一般投資家は株価の暴落局面で当然ながら空売りができなかったわけで、強制的に損切りが発生してしまったはずである。

つまり、当局は証券会社とその顧客を守ろうと動いたが、株式投資の裾野にいる場外配資に頼る膨大な数におよぶ個人投資家に対しては何の手当もしなかった。

しかし、よくよく考えてみれば、場外配資はもともと中国政府が公式に認めていないグレーゾーンの証券金融、一種「街金」のような存在でしかない。かつて日本にもあった手形センターと同レベルのものと考えたらいいだろう。

とにかく、株価暴落の最大の被害者は、証券会社でも預託金を積んだ投資家でもなく、場外配資に頼るしかなかった一般投資家であったのである。

## 細る一方の外貨準備と大規模なキャピタルフライト

現在、中国では株式バブル崩壊の裏側で、大規模なキャピタルフライト(資本逃避)が起きている。

8月11日、中国は人民元の切り下げを行ったが、切り下げ後も中国当局の思惑以上に為替の下落が継続した。これに対処するため、当局は人民元売り先物取引における保証比率を上げ、取引額の20%を中央銀行に預託する処置を決めた。

当局は元安を回避するため、外貨準備を使って、ドル売り元買いの為替介入を行ったと推測される。市場筋からは、この1年あまりで元買い支えのため中国の外貨準備額がかな

## 中国商業銀行の不良債権比率

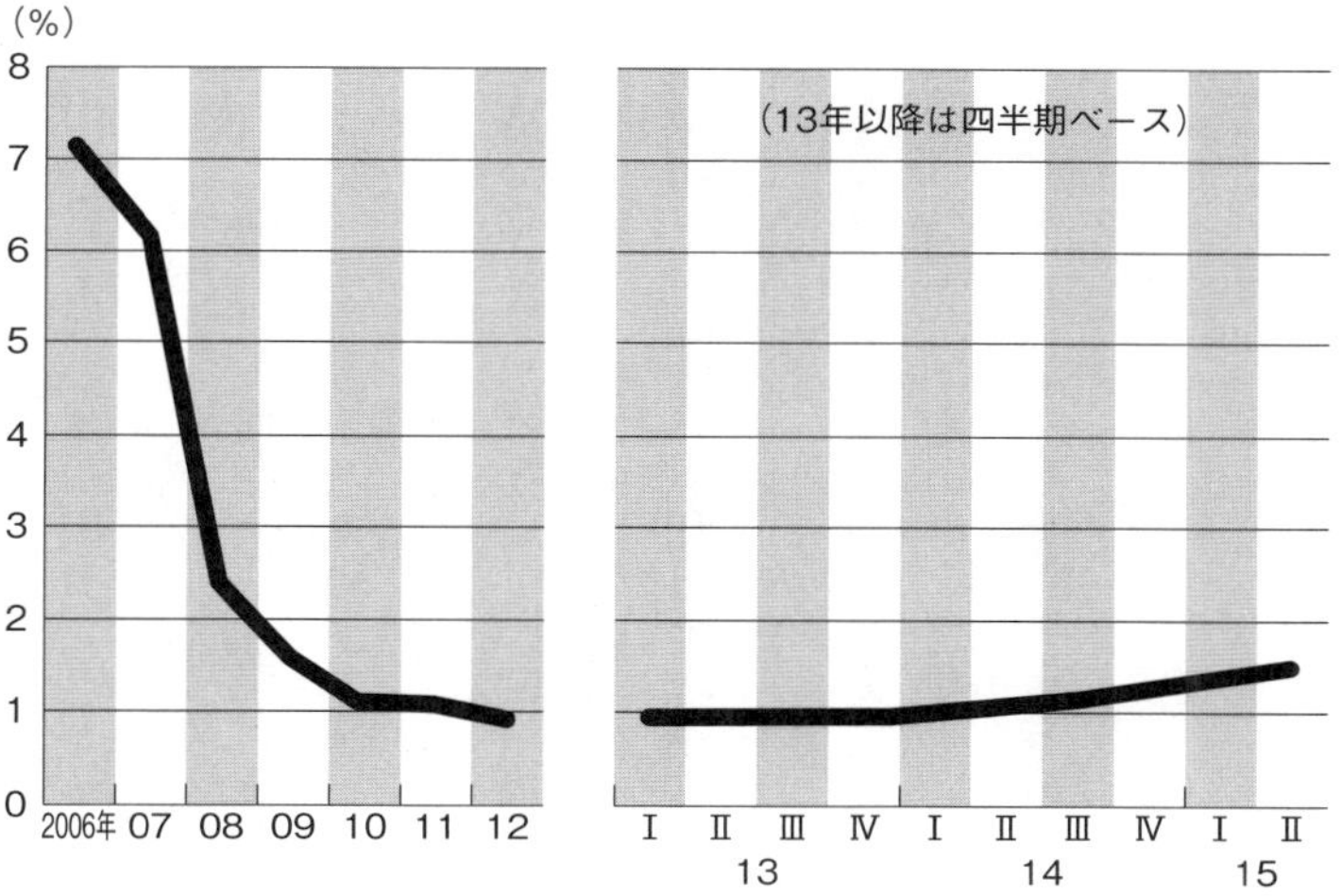


## 中国商業銀行の業種別不良債権比率

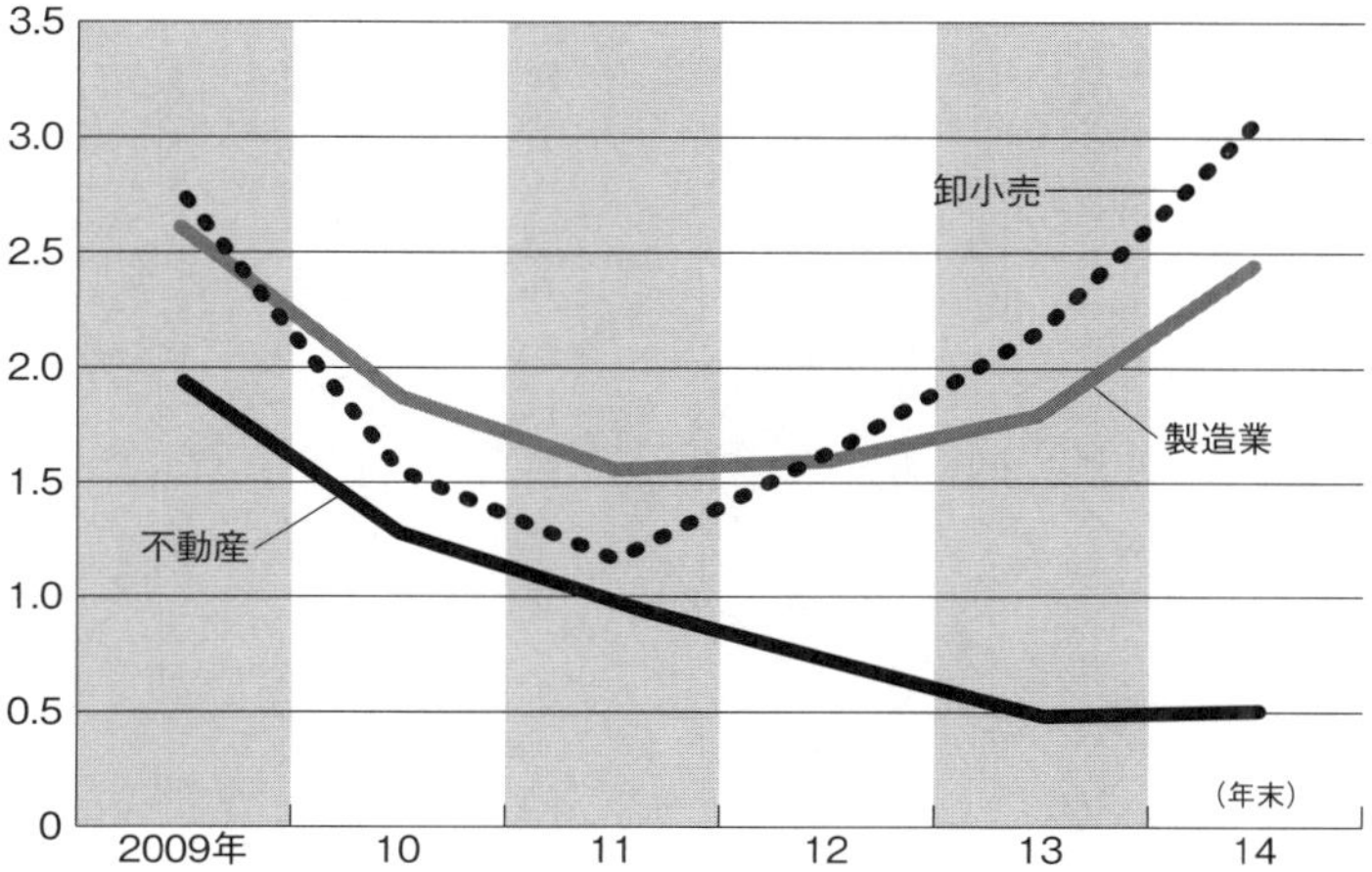


出典：中国銀行業監督管理委員会

り減ってきているとの話が聞こえてくる。

中国の外貨準備高は額面上、3・6兆ドルあることになっている。しかし、内訳で見た場合、米国債は3分の1程度　1・2兆ドル程度しかない。他の資産に関しては、どの程度換金性があるか資産価値が担保されているのかわからない状態である。また、このところ市場で中国が米国債を大規模に売却しているという情報もあり、これは中国のドルを中心とした手元の外貨不足を裏付けるものになる。

問題はそれだけではない。中国の場合、外貨準備に対する概念が日本と大きく異なるという問題がある。日本では外貨準備は政府と中央銀行のみが持つ外貨資産になるのだが、中国の場合、これに各国有銀行の保有する外貨資産が含まれている模様なのだ。

基本的に外貨準備とは、外貨をいくら保有しているかという額を表す基準でしかない。海外からの短期借り入れでも外貨には違いなく、外貨準備に含まれるものである。しかし、これを介入などに使用した場合、将来の返済用の外貨が失われることを意味するわけである。また、国有銀行保有の外貨は顧客資産であり、本来は政府が自由に使えるようなものではない。

おそらくいまの中国は、外貨準備を介入に使わなければ、人民元の下落を止めることができない状況にある。大規模なキャピタルフライトが発生している状況では、元の下落がさらなるキャピタルフライトを呼び込む可能性が高く、銀行などのドル調達にもプレミアムが載せられるなど負担が増加してゆく。

そして、これがさらなる信用不安を煽る要因になるわけで、まさに負のスパイラル状況に陥っている。

これを改善するための方策が他国との通貨スワップということになるのだが、日米などとの関係悪化はこれを阻害する。張子の虎といわれる中国にまたひとつ、深刻な問題が露見し始めている。

## 今後は自由化を制限し先祖帰りする中国

経済の自由化は、経済以外の物の自由化を必然的にともなうものだ。

経済を自由化させるということは、情報やヒト・モノ・カネの規制撤廃を意味し、現在のような情報隠匿や人権弾圧ができない環境をつくることを意味する。

8月12日に起きた天津大爆発も、この事故が外国人の多い天津で発生し、外国企業にも膨大な損失が発生したため隠蔽ができなかったともいえるわけである。

自由化が進むということは、中国共産党の弱体化を意味するものにもなる。武力による弾圧がしにくくなり、民衆を強権的に押さえつけることも難しくなるからだ。

だから、民主化運動が盛んになり、下剋上の原因にもなるのである。独裁状態にある権力者にとっては、これは自分の地位を危うくすることでもある。

なぜ、中国がこれまで自由化路線を採ってきたかといえば、自由化によるメリットがデメリットを上回ったからであり、自由化により共産党幹部などの権力層が大きな利益を得てきたからだった。

また、全体的な経済力強化は、中国という国家の国際影響力強化にもつながり、権力者にとって、これは自らの地位上昇を意味していた。

いま中国に起きている変化は、これがマイナス局面に転じた時にどうなるかという実例ともいえるだろう。周辺国は中国の経済発展を歓迎していた。その理由は、中国の発展が自国の利益につながったからであり、金融面や産業面などで大きな利益になったからに他ならない。

世界は中国を利用して儲けてきた側面があり、新興国も中国の経済力に頼ってきた側面がある。その代表格がＢＲＩＣＳ銀行やＡＩＩＢ（アジアインフラ投資銀行）になるのだと思う。

しかし、金を中心にした関係は「金の切れ目は縁の切れ目」になってしまうわけである。中国の、ルールを平然と破る傲慢な対応に対して、快く思っている国や企業経営者はいないはずだ。

法やルールや信用を軽んじる相手とは、長い付き合いができない。儲かるから付き合うのであり、儲からなければ、そういう相手は批判の対象になってしまう。これは経済だけの話ではなく、政治でも同じことがいえる。

ではこの先、中国にどのようなシナリオがあるのだろうか？

中国は中国共産党の独裁国家であり、民主主義国家でも自由主義国家でもない。これまで中国は部分的な自由を利用してきたにすぎない。

そして、中国は階級構造国家でもある。支配階層と被支配階層が明確に分かれており、支配階層だけが国家運営を決める仕組みになっている。したがって、最終的には支配階層（共産党幹部＝企業の支配者）がどのような行動をとることがいちばんの利益になるのかがポイントとなってくる。

これらを勘案すると、中国におけるこれ以上の自由化はマイナスにしかならないことから、規制を強化し、計画経済的側面を強め、自らの権限拡大を図る可能性が高いのではないか。

しかし、一度自由を得た国民の多くはこれを強く否定するはずだ。当然、この両者の間では対立が高まり、それが政権の不安定化につながりかねない。しかし、国民＝大衆は武力を持っていない。中国人民解放軍は共産党の私兵でしかなく、あくまでも共産党が支配する組織なのである。

筆者が導く結論としては、中国が先祖返りする可能性は非常に高いということになる。

## 中国の経済発展と資源価格上昇の関係

ここで、基本的な理解を深めたい。

貧しい国の経済が発展すれば、つまり新興国が豊かになれば、貧しい人がいなくなるという考え方があるが、これは大間違いであって、偽善でしかない。

たとえば、食料を例にとって考えてみよう。

1キロの肉を生み出すために、鳥でいえば6倍、豚でいえば8倍、牛肉でいえば12倍の穀物が必要になるといわれている。富裕化が進み、貧しい人がいなくなるということは「食の高級化」が進む。現在肉を食べられない人たちが日常的に肉を食べた場合、世界中から穀物は一気に消え去ることになる。

いまの地球において、食物の生産できる限度量は決まっている。この根底には、「人間の生存には食料が必要」「人間の情欲は不変」とするマルサスの人口論の定理が横たわっている。

つまり、その結果何が起こるのかといえば、経済が発展すれば貧しい人が消えるのではなく、逆に貧しい人が増えてしまう、というのが現実社会の実態なのだ。

中国のこれまでの発展は、これを象徴する出来事であると言ってもよい。「中国の発展＝食の高級化」によって、世界中の資源価格は激しく上昇したのである。

その典型がウナギだろう。中国人はウナギを食べる。ウナギが美味しいということで、ウナギの乱獲を行ったのだ。そのおかげでニホンウナギの量が減少しただけではなく、ヨーロッパの稚魚（シラス）までも爆買いしたために、欧州では海外に売ることを禁じてしまった。その結果、日本を含む世界のウナギの市場価格が高騰した。

これは象徴的な例であるが、ほかにもマグロなどさまざまな食材、さらにはワインのオークションにいたるまで、同じような状況で中国人によって荒らされてきたというのが現実である。

## 延期された人民元のＳＤＲ組み入れ

次に、通貨・人民元について考えてみよう。

かねてより中国政府は人民元を世界経済への影響力をより強めるハードカレンシー化、要は国際通貨にしたいという野望を抱いており、常日頃からＩＭＦ（国際通貨基金）などにも強い圧力をかけてきた。

知ってのとおり、ＩＭＦは出資割合に応じて投票権が与えられる決まりになっている。そして、重要な決定には85％超の賛同が必要とされており、中国の出資比率拡大は国際的な影響力拡大につながるわけである。

ＩＭＦでは5年に一度、実施比率を変更する「クォータ改革」が実施される。その時の国力を反映する形で、それぞれの国の通貨の出資の比率を変更するのだ。

ここ数十年の新興国の発展にともない、新興国の出資比率が高まる傾向にある中、今年の10月にこのクォータ改革において増資とともに新比率が決められる予定であった。これに対して中国は、大幅な増額を求めると同時に、ＩＭＦの国際準備資産・ＳＤＲ（特別引出権）といわれる通貨バスケットへの人民元導入を求めてきたが、この決定について、8

月4日、来年の10月まで延期されることが確定した。

欧米各国が中国のバブル崩壊の経緯を見てから、ＳＤＲに人民元を組み入れるかどうかを決めることにしたからである。

これには以下の前提があった。今年5月29日、Ｇ7は、中国の人民元のＳＤＲへの組み入れに対して基本合意をした。しかし、この基本合意には、日米の要請によってひとつの文言が付いていた。

「中国の人民元の透明性が保たれ、変動相場制への移行など自由化がともなった場合、これを配慮する」

つまり、人民元が自由化されないのであれば、いつまでたってもＳＤＲには組み込まないと読むこともできるわけである。

その後、中国のバブルは崩壊した。これによって人民元および中国の経済力が低下すると読んでいる国際社会は、本来であれば年内中に組み入れる予定だったものを、来年10月までという、1年間の時限付とはいえ、延期する決定を下した。これは中国と国際社会のパワーバランスの変化を物語っているといえる。

## 国際派勢力と大中華主義勢力の相克

中国が人民元の自由化、国際化を進めれば進めるほど、中国の計画経済的なプライス・キープ・オペレーションにしても、金融政策にしても、株式マーケット対策にしても、国際社会からは認められなくなる。

自由化・国際化とは、すべて市場原理に基づいて市場に任せるものであって、政府の操作は許されないからである。たとえば、為替であれば為替操作になるだろうし、株価であれば株価操作という形で、国際社会から強い批判を受けるものになる。

逆に、計画経済化を進めた場合、どうなるか。

まず、バブルの崩壊を抑え込むことができるだろう。当然、株式の下落原因となる空売りを禁止したり、必要なところに資金をどんどん注入したりする計画経済的な政策、国による救済も非常に行いやすくなる。

基本的に中国の上海株式市場は人民元建て市場であるために、自国で操作できる市場である。他国の通貨を刷ることはできないが、自国通貨は中央銀行である中国人民銀行が好きなだけ刷ることができる。

今回のバブル崩壊にともない、信用保証などを担当する証券金融や証券会社に対して、中国人民銀行が特別融資を行ったが、このような行為もある意味、計画経済的な政策といえる。こうした政策が許されること自体、完全な自由市場になっていないことを白日の下に晒した格好だ。

ただし、こうした計画経済化を進めれば進めるほど、国際社会から強い反発を受け、中国の人民元の国際化という夢が絶望に変わっていくのは間違いないだろう。

中国は、この二者択一のどちらをとるのだろうか、ということになる。

自由主義・国際派勢力と、「大中華主義勢力」ともいうべきマオイスト。中国に内在するこの2つの体制は物理的に考えた場合、究極の選択になるものと思われる。

いままで国際社会は、中国が自国の利益の対象であったがゆえに、自由主義と計画経済、この相反する2つの存在が並立する体制を黙認してきた。繰り返すが、これはあくまでも自国の利益になったからに過ぎない。

ところが、自国の利益にならない存在、儲からない存在になったからには、二者択一、中国はどちらかを選ばされることになるわけである。

## 一種の連立構造になっている現政権

では今後、中国はどちらに向かうのだろうか。

最高指導部序列第1位の習近平国家主席。彼は上海を中心とした勢力が支援しており、支持母体は太子党といわれる、中国共産党のお坊ちゃんグループであると同時に、マオイスト（計画経済を愛する毛沢東思想をベースにする人たち）が多いというのが特徴である。当然彼はその影響を受けている。

それに対して、序列第2位の李克強首相は国際派であり、優秀なエコノミストでもある。彼の支持母体は共青団（共産党青年団）といわれるエリート組織で、活動ベースは北京である。

北京と上海、2つの大きな政治閥の中で政権交代が行われてきたのが中国共産党の歴史といえる。だが、今回の政権は一種の連立構造になっている政権とみることができる。本来、敵対するはずである北京と上海が手を結び、また、まったく政治経済思想の異なる2人が総書記、首相の座に就いて君臨しているからである。

元来、中国においては権力闘争の勝者による大粛清が行われ、以降、勝者の一派が完全支配するケースが多い。しかし、習近平政権誕生後3年になろうとする現在も、権力の完全掌握までには至っていないとみられる。江沢民派をはじめとした政敵をどんどん粛清して習近平の指導体制は強まっていると言われるが、共青団を排除できる状況には至っていないようだ。

以上のように、いまの中国にはいわゆるグローバリストとマオイストが同時に存在するという権力構造となっており、これは中国の政治、外交においてもよく現れている。

## 中国が連邦国家を目指さない理由

李克強を中心とする北京のグローバリストたちは、人民元の国際化を強く推進し、世界中で通用するハードカレンシー化を目指している。対する習近平は、計画経済的な要素を好み、規制を中心とした逆説的な、いわゆる「アンチ自由」的な政策をさまざま採ってきている。

また、いま行われている海外に逃亡した汚職官僚を追跡する「虎狩り」には2つの要素がある。ひとつは、汚職撲滅を利用した自らの権力掌握であり、そしてもうひとつは、富の分配を中心とした、国民の不満を排除するための政策である。

今回の株式バブル崩壊により、経済政策を主導してきた李克強の立場が悪化したことは確かである。同時にこれは中国の計画経済への回帰を招くものになるのかもしれない。

中国の富の偏在は世界最大のものとなっている。本来、共産主義国であるという前提からすれば、異常なものであるといえる。

ちなみに私は中国のいまのような体制を、「中国共産党独裁自由主義経済」と呼んでいる。つまり、中国共産党の共産党員だけが自由を謳歌する、独裁構造の経済体というわけである。

もともと13億5000万人、戸籍のない子供を入れると17億とも18億ともいわれる膨大な民を抑え込み、統治していくには民主主義は不可能であり、自由主義も不可能なのである。民主主義の限界人口はせいぜい1億人程度でしかないと言われている。

ちなみに、世界最大の人口を持つ民主主義国といえば米国であるが、米国は実は「合州国（日本語訳の表記では合衆国）」であって、緩やかな連邦国家なのである。その点を踏まえてみると、人口的に世界最大の民主主義国家は、単独国家としては日本ということになるのだろう。

では、中国が民主化を進めるにはどうしたらいいのか。やはり、中国を3億人なり4億人ずつ小規模分割して、それぞれが独立した形にしたうえで緩やかな連邦制を組むしかな

## 中国国防費の推移

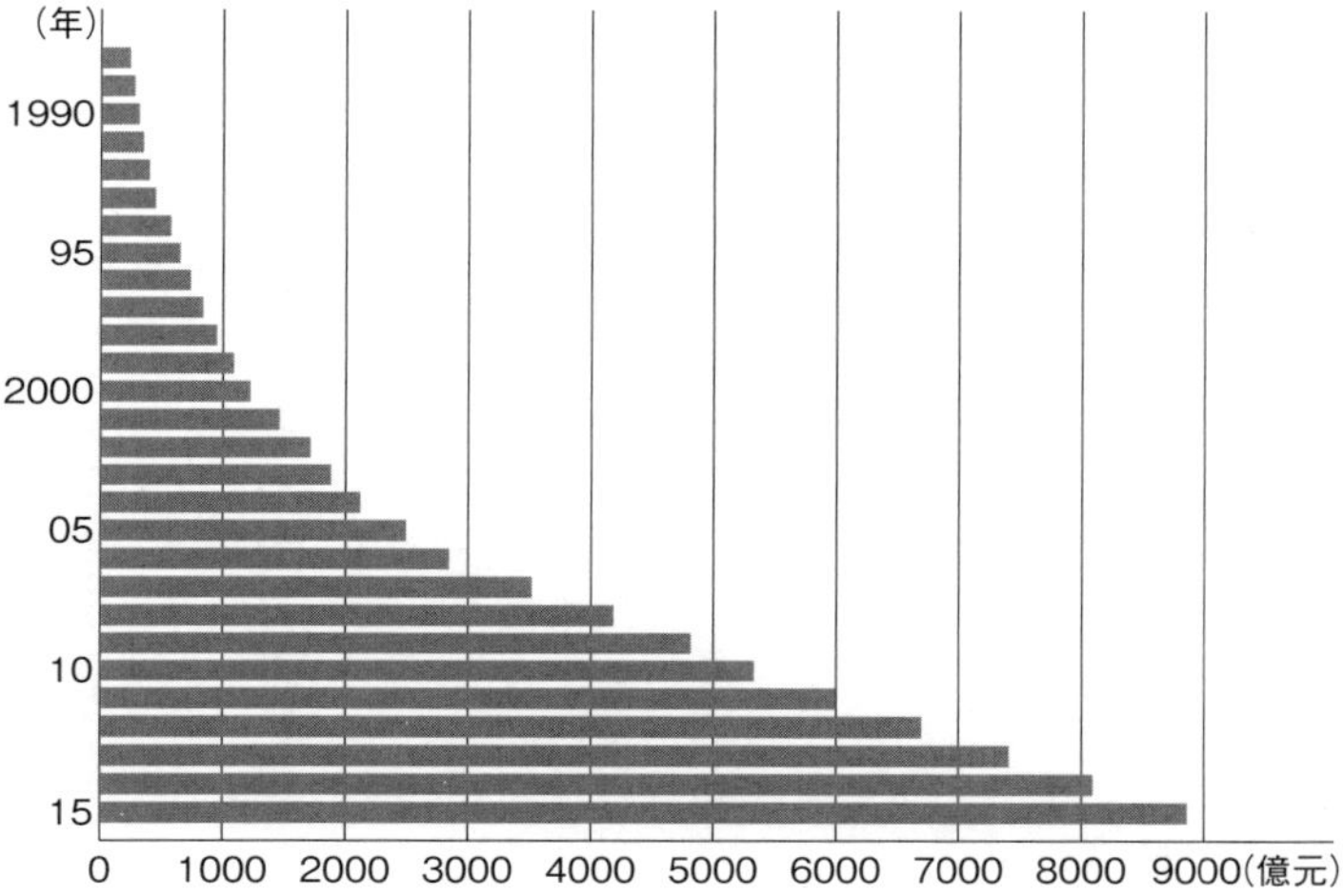


※15年は予算ベース。中国公表数字。

いのだろう。

しかし、これは現状の中国共産党中央政府の指導者にとって、自己否定につながってしまう。中国は巨大な中央集権国家であるがゆえにこれだけの力を持っていて、さまざまな国際社会での発言力を維持できるわけだ。これが分断された緩やかな連邦制国家になった時に、いまのような行動がとれるのかというと大きな疑問がある。

中国には大きく分けて7つの軍閥がある。現状その7つの軍閥を束ねているのが強い集権国家であり、強い中央集権であり、中央政府であるという構造だ。

もし中国が連邦制のような形をとった場合、軍閥を含めた国家の中に大きな対立が生まれる可能性が高い。

中国共産党の幹部が自らの地位を維持しようと思えば、再び共産主義に回帰するという逆コースをたどるしかないのだろう。

## 露骨に変わった欧米の報道姿勢

これまで国際社会は「中国共産党独裁自由主義経済」を営む中国を黙認してきた。なぜならば、先にもふれたが、海外にとって中国の政治体制がどのようなものであろうと、自国の利益につながればいいわけで、海外の投資家には中国が儲けの対象になり得れば、それはそれで構わなかったからだ。

世界の指導者たちも、「内政干渉は好まない」という形でずっと誤魔化してきた。中国の政治体制を決めるのは中国人であって、外国であるわれわれが口出しをすべき問題ではなく、中国国内の内政の問題である…という建前を前面に掲げて、中国を利用してきた人たちが多数いたとも言い換えられるだろう。

しかし、この体制とは、中国が常に発展する存在であってこそ成立する。中国が海外勢の儲けの対象となり得なくなった時、手のひら返しが起きるわけである。

儲かるから付き合うわけで、儲からなくなったら付き合わない。昔から「金の切れ目は縁の切れ目」というわけで、これもある意味、その象徴であるともいえるだろう。

中国のバブル崩壊、天津大爆発を目の当たりにした欧米メディアの手のひら返しは、非常に醜いものであった。これまでは中国が儲かっていた、中国がある意味スポンサーとして大きな役割を果たしていたから、彼らは中国のための宣伝を行っていたに過ぎなかった。

逆に言うと、中国からそれだけの力が失なわれるとなれば、もっと有望な国に乗り換えるだけである。このあたりは露骨そのものだ。

本質的な信頼が中国と欧米との間にあるかといえば、もともと政治体制も、物事の考え方も違う。中国には確かに膨大な人口があるが、世界の中で見ればあくまでも新興国でしかなく、多くの白人から見れば、アジア人という別の民族の一部でしかないわけである。

これについては、いま、世界中の観光地にあふれている中国人を現地の人たちがどのように見ているか、また外国企業がそのような中国人に対して、どのような対応をしているかを見ればよくわかる。

たとえば、ある欧州のブランドショップでは、中国人の専用店舗を設けたという。本店には中国人も中国語を話せるスタッフが1人もおらず、対応できないので、中国語が通じる「VIP専門店」に行ってくれ、と中国人は誘導される。そこにはきらびやかな空間があるのだが、実は本店の〝風紀〟を保つための努力であるわけだ。欧州人はいろいろな理由をつけて、自己正当化するのがうまいのである。

欧米の報道姿勢が一気に変わったのも、このブランドショップの姿勢と共通するような気がする。

## 共産主義と世界最大の富の偏在という矛盾

自由化には当然ながら負の側面が存在する。

自由化するということは、言論やマーケットにおけるあらゆる規制の撤廃を目指すわけである。中国はある意味、人権が認められていないから〝成立〟している国であって、自由化イコール人権の拡大ということにつながりかねない。

人権を拡大すれば、その不満は中国中央政府に向かうことは間違いないだろう。特に、経済がうまく回っている時はいいが、マイナスに転じた時、その歪みに対する不満が大きく噴出することになる。

たとえば親族で二人三脚でやっている企業があったとしよう。経営が順調な時にはモメないが、経営が悪くなり経済状況が悪くなると、一気に仲間割れを始めるわけである。

国民は一度与えられたものを奪われることに対して、非常に強い反感を持つ。もともとなかったものであったとしても、いったん得た果実の味は忘れられないものなのだ。

バブル崩壊によって、これを奪われた中国人が、どれだけいるのかわからない。何度も申し上げるが、中国の富の偏在は世界最大にまでなっており、本来、共産主義国であるという前提からすれば、異常なものであるといえる。

先にも述べたが、中国共産党の共産党員だけが自由を謳歌する現体制を、私は「中国共産党独裁自由主義経済」と呼んでいる。

バブルがここまで無残に崩壊したいま、国民の凄まじい不満が中央政府に向かうのは必至だ。これを抑えるには、自由化を捨て、言論弾圧、言論規制をかける以外に方法がない。中央政府が自らを存続させるためには、人民の口を封じる以外にないわけだ。

人民の口を封じるということは、国際社会から人権問題という名の強い非難を受けることになり、中国の国際化が不可能になるということを意味する。

中国はこうした多重のジレンマ、矛盾を抱えながらも30年にわたる経済成長を続けてきたが、ここにきてついにその矛盾に耐え切れなくなり、崩壊しつつあるというのが実相であろう。

## 歪んだ工業化が生んだ中国の砂漠化

また、中国が発展する過程において行った工業化によって、地球環境は大きく汚染され、中国の歪んだ工業化は自国の絶望的な砂漠化を呼んでいる。

工場から垂れ流された煤煙が、大気を蝕むだけではなく、土地、木などの生存環境を侵し、森林の乱獲は砂漠を広げる原因となっている。イコールこれは、作物をつくることができる耕地面積の減少を加速化した。

先に述べた理屈に戻して考えるとよくわかるのだが、食の高級化は穀物の消費をともなうために、農業作付けの拡大を行わないと成立しない。ところが、それには工業化が大きなマイナスとなって立ちはだかってくるわけである。

電力を見ても同様である。

中国の電力は、日本の九州とほぼ同じ面積を持つ三峡ダムによって支えられている。このダムができたことで長江の水の流れが大きく変わり、水の枯渇や塩田化、黄海の温暖化など下流に大きな環境問題を引き起こしている。

三峡ダムを壊し元通りにすることでこの問題の一部は解決できるものと思われるが、中国政府にはできない。なぜならば、三峡ダムの発電量は中国の水力発電の10％程度を占めており、総電力供給の2％以上に達するからである。

電力が少しでもショートすれば、地域全体の停電を招いてしまう。ただでさえ近代化にともなう電力不足に苦しむ中国にとって、三峡ダムを廃し、長江を元通りにする余裕はないのである。

また、砂漠化も深刻の度合いを増すばかりだ。すでに、酸性雨などにより北京郊外数十キロのところにまでゴビ砂漠の端が迫っている状況になっている。

これを抑制するには、北京五輪や今夏の世界陸上で実施した、北京周辺の工場などの大規模な操業停止や廃業が必要なのだが、これは中国の経済に大きなマイナスをもたらす。地方政府同士の対立が激しく、地域間競争に晒されている中国にとって、実施は容易ではない。

日本における海洋の変化も、黄海の温暖化がひとつの原因とされているようだ。原因は三峡ダムである。

三峡ダムを止めて壊せば、黄海の温暖化も止まるだろうし、環境破壊の速度も遅くなるのであろうが、これを実施した場合は中国が膨大な電力不足に陥り、工業化が不可能になる。

第3章

# 世界を揺るがす移民問題

## 3万9000人の米国不法滞在中国人

現在、中国と米国の間で大きな懸念になっていることがある。それは3万9000人に達する米国にいる不法滞在者、不法移民の問題だ。留学生、一時就労などの名目で訪米した中国人たちがそのまま勝手に米国に居着いてしまっただけではない。蛇頭などのマフィアに金を支払って密入国した下層の中国人たちがもっとも多いのだ。しかもこの数字は不法移民全体の数字ではない。摘発された中国人不法移民の数だから、実際の数字はもっと大きいことは言をまたない。筆者が常々申し上げる「1人の中国人がいたら、その100倍の中国人がいる」という定理を当てはめると、米国には400万人近い中国人不法滞在者がいることになるが、どうだろうか。

冗談はさておき、中国政府が強制送還の同意書にサインをしないから、3万9000人が宙に浮いた形になっているのだ。この不法移民は長い人にいたっては摘発後10年もの間、米国で暮らしているそうだ。こうなると不法移民といえるのだろうか。つい最近の2015年6月に、とうとう中国政府から同意書が提供されるというので、数十人を拘束し退去の準備を進めたが、結局同意書が届かず再び釈放されるという一幕もあったそうだ。

では、なぜ中国は書類を提供しないのか。揺さぶりなのだろうか。もともと中国政府は米国に逃亡した汚職官僚の引き渡しを求めていたが、死刑判決が下される可能性があるとして国際ルールに従い、米国は引き渡しを拒否している。ならば不法移民の送還も認めないという、中国の子供じみた対応としか思えないのである。汚職官僚の亡命（？）はここ数年の出来事である。10年以上も前から不法移民の送還を受け入れない理由にはならないのである。そう考えると、やはり中国政府は中国人が嫌いなのであろう。「中国本土では稼ぐことができないのだから、米国で頑張って稼いでくれ」。こんな思いが中国政府の偽らざる本音ではないだろうか。

とにかく、これらの人々を米国政府は中国に返すことができない状況に陥っている。彼らに職場を奪われた、もしくは自分のコミュニティを侵蝕された米国国民などの間から、強制送還を望む声が広がってきているのだ。

今回の米中首脳会談では「容疑者の身柄引き渡しやその財産の回収」に両国が協力することになった。中国側の要望に沿った形ではあるが、それで果たして不法滞在の送還につながるのかはなはだ疑問である。

これは次項で述べるドナルド・トランプの躍進につながる話ではあるが、移民が米国の政局をゆるがすテーマになりつつあるのだ。

## 米国民の拍手を浴びるトランプの自己資金での選挙活動

現在、世界の情勢は大きく変化しつつある。

ギリシャ問題を発端とした欧州の混乱は、ＥＵを分裂方向に向かわせているし、米国もオバマ大統領のレームダック化によって、次の政権が誰になるのかが非常に大きな注目点になっている。

大統領選挙までまだ1年以上を残す現状においても、政界ではすでに次の米国の戦略についてさまざまな議論が交わされている。候補者指名争いに名乗りをあげている面々の中でもさまざまな議論対立が起きているのが現状である。

米国では現在、共和党のドナルド・トランプが大きな話題になっている。8月末現在において、ぶっちぎりでトランプ優勢の状況になっており、共和党内のみならず民主党からもトランプを推す声が出ている、本来、共和党に対して批判的なＣＮＮを見ても、トランプが連日テレビ画面を占めるような状況になっている。

このトランプが掲げた戦略とは、オバマ政権によって生じた、「米国の失われた10年」を取り戻すようなものになっている。米国人の憧れとは、常に強い米国、世界一の米国で、

次期米大統領選・共和党立候補者の支持率

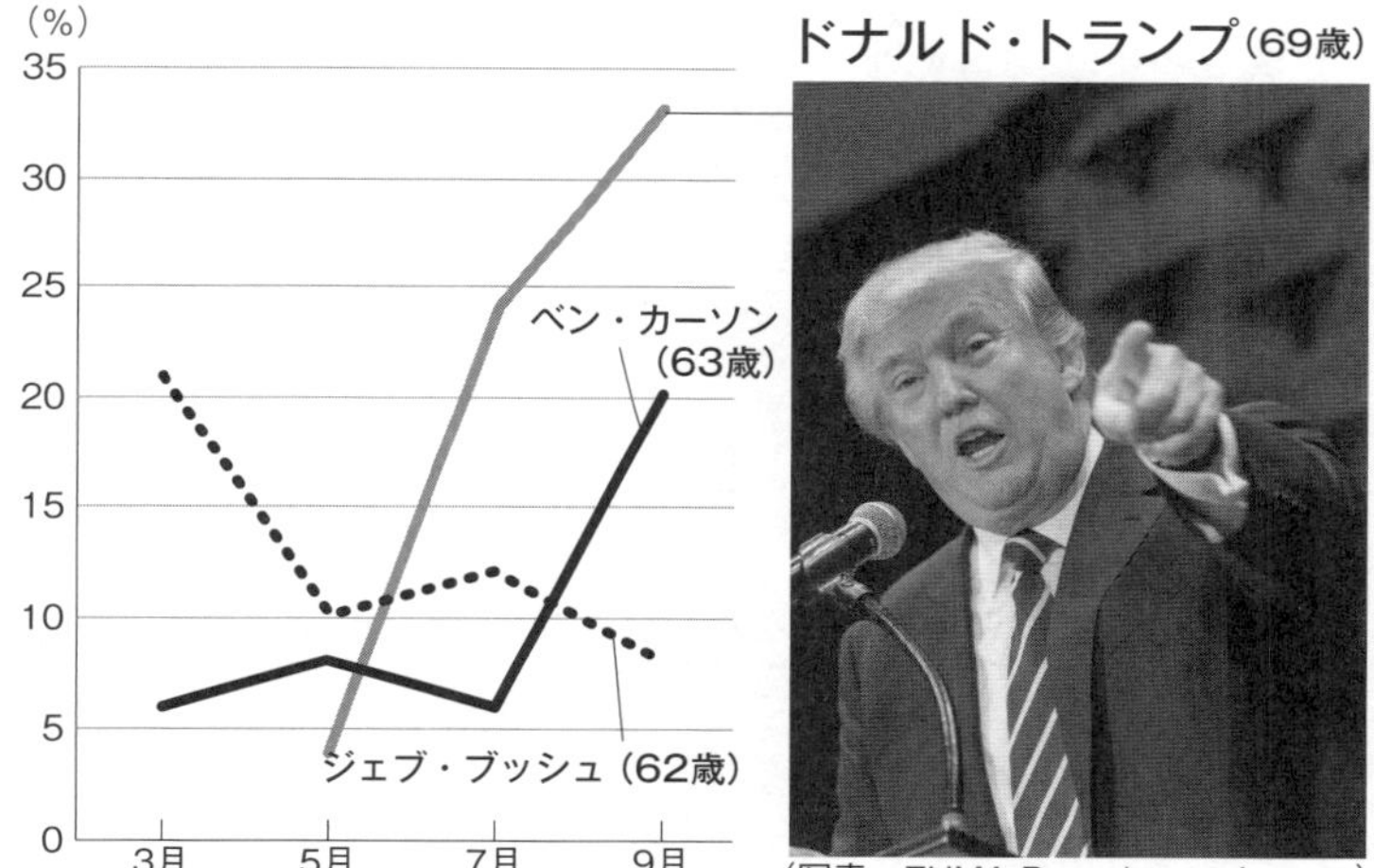

(写真＝ZUMA Press/amanaimages)

米ABCニュースが実施した世論調査より

古き良き米国の姿を追い求めているところがある。トランプは、この米国人が抱く一種のコンプレックスを大いに刺激しているわけである。

たとえば、トランプはその政策の中で、「アンカーベイビー」の存在を大きく取り上げている。彼は不法な移民を認めない。米国には、メキシコなどから大量の不法難民が流入している現状があるが、これを一切認めないとしているわけである。

メキシコに金を出させてメキシコと米国との国境に巨大な塀をつくらせるなど、かなり無理のある政策であるのだが、それを国民は拍手して見守っている。

そこで出てきた言葉が、「アンカーベイビー」であった。アンカーとは船の碇を意味する。合衆国憲法修正14条によって、米国の国籍、いわゆる市民権は出生地主義を採っている。つまり、米国で生まれれば、その子供たちには市民権が与えられ、子供が21歳になれば両親に対しては永住権が与えられるというのが米国の仕組みなのである。

この仕組みを利用した不正な遠征出産や、不法入国者の出産による永住権取得は、かねてから大きな問題になっていた。しかし、これまでの政治家はあえてそれを取り上げなかった側面があった。なぜならば日本同様、人権派と言われるような人たちの声が大きく、政治家は自身の失点につながりかねないこの問題にあえて触れてこなかったわけである。

これに対してトランプは、果敢にそこに切り込む姿勢を見せた。これが米国人の拍手喝采を得ているということになる。

その過程でトランプは、このように述べている。

「政治がこれまで触れてこなかったことによって、いまの問題は起きている。なぜ触れられなかったのか、私にはわからない。本来、政治とはこの問題に決着をつけるための仕組みではないだろうか。私が他の候補者と違うところがあるとすれば、私は誰からもロビー献金を受けていない。選挙を自分の金で戦っている。私が大統領候補選に立候補すると宣言した時に、2億5000万ドルを献金をすると保険屋のロビーが言ってきた。私はこれを断った。私は自分の金で戦ってきた」

米国の保険屋ロビーからお金を貰えば、保険屋の言いなりにならざるを得ない。これはオバマの医療保険制度改革に対する批判の意味も含まれているわけだが、他の候補者がこれを言われたらたまらないわけである。

米国のために、米国の選択のためにカネは受け取らない、決してヒモ付きにならない、自己資金で選挙を戦うと言い続けているのが、彼の特徴である。これはオバマやクリントンに対する最大限の嫌味、批判の部分もあるのだと思う。

オバマの医療保険制度改革がうまくいっていない理由もここにあるのは間違いのないところである。国民皆保険と言いながら、実際は保険屋だけが儲かる仕組みになっているからである。

## ブッシュの発言でスケープゴートとなったアジア系移民

先ほどのアンカーベイビーに話を戻そう。

米国の指導者たちがこれまでなぜアンカーベイビーという言葉なり、不法難民問題に触れられなかったかといえば、共和党の支持層は白人に加えて、ヒスパニック系が多いからだった。

共和党の場合、軍産複合体を中心とした右派の人たちプラスアルファ、人種的に見た場合にヒスパニック系が巨大な支持母体として内在する。

一方、民主党の場合、米国左派のエリートと中国系や韓国系を中心とするアジア系のニューカマーが支持母体になっている。そのため共和、民主ともに、この移民問題に対しては触れづらい環境にあったのも事実なのである。

しかし今回、トランプがいわばタブー視されていたこの問題を持ち出したことで、共和、民主双方に大きな影響をおよぼした。

トランプはジェブ・ブッシュを指名し、アンカーベイビーを議論の俎上《そじょう》に載せた。ブッシュは、「この問題に関しては、アジア系で不正なアンカーベイビーがたくさんいることは理解している」という表現でかわそうとしたため、アジア系移民が槍玉に上がった。共和党としてはヒスパニック層を刺激したくないからで、自分たちの支持母体ではないアジア系を攻撃の対象に選ぶことによって、ブッシュは辛くも身を守ったといえた。

共和党の中にも大量の移民に対する強い反対勢力が存在するのも事実であるが、その一方で、ヒスパニックの票に支えられている部分もある。これを解消するために、アジア系移民がそのスケープゴートになったといえるのだろう。

対する民主党支持者の中に、白人エリート層からトランプ支持の声が広がっているのも事実である。彼らのベースは当然白人優越主義である。建て前上、有色人種の不法移民問題に対して、可哀想な人たちを助けるべきだというポーズをとっているに過ぎない。

彼らの本質はエゴイズムそのものだ。白人人口が過半数を割り込み、有色人種がマジョリティになる状況において、彼らが自分たちの権利を維持するためには、これまでマイノリティといわれていた有色人種を排除していくしかないという状況に追い込まれている。

その意味では、今回の大統領選を通じて、共和、民主ともにアンカーベイビーに対する議論がいやがうえにも深まっていくはずである。

## アンカーベイビーシステムと中国の「裸官」との関係

いま米国において、遠征出産が大問題になっている。とりわけ中国人、韓国人の遠征出産に対する規制が強まっている。そして、遠征出産により獲得した権利、要はアンカーベイビーにもたらされた権利については剝奪もあり得るとする強硬派の意見も出始めている。仮にそうなった時にいちばん困るのが中国の高官たちである。

中国には「裸官」と呼ばれる膨大な官僚たちが存在する。彼らは不正蓄財で得た財産を妻子とともに海外に逃がし、自分は中国でせっせと汚職、収賄に励む。その裸官の妻子の移住先としてもっとも人気が高い国が米国なのである。

この裸官と先に紹介した米国のアンカーベイビーシステムとは決して無関係ではない。これまで多くの裸官は、アンカーベイビーシステムを悪用して、米国において出産させ、グリーンカードを取得するとともに、中国国内で得た不正蓄財をすべて米国に移すという手口を用いてきた。それが自らの安全を保つ方策と考えたからだろう。

中国人がもっとも信用していないのは中国人だとよく言われる。中国人はまず自分たちの国家を信用しておらず、エリート官僚になるほどその傾向が強いと思われる。これが犯罪かどうかは別にして、彼らは自分たちが汚職や収賄で蓄財したカネを、中国共産党に一方的に没収されるのを避けるために、妻子とカネを海外に移した。


一昨年12月、米国の金融当局は、ウォールストリートで働く中国人および中国関係者の資金の流れと関係口座を金融当局にすべて報告するように命じた。これを元に昨年、CIAがレポートを発表。中国から米国に不正に渡った資金の総額は、1・6兆ドルから3兆ドルにおよぶとされている。仮に3兆ドルならば、中国の国家予算の約3倍という途方もない額になる。

その詳しい内訳については明かされていないので、誰がどのように資金を動かしているのかはわからない。しかし、莫大な額の資金がウォールストリートで動いていることには変わりがない。そして、裸官が持ち込んだ資金がマネーロンダリングされているのは想像に難くない。

## マネーロンダリング規制に動き始めた米国

中国人は一方で人民元の国際化と言いながら、中国の政府高官は人民元を信用できないので、米ドルに替えて海外、もっぱら米国に流出させているのが実態なのである。

米ドルはニクソン・ショックにより金本位制を放棄したとはいえ、いまだに世界の基軸通貨（キーカレンシー）である。世界の債券の60％は米ドルで発行され、米ドルであれば、世界のどこに持っていっても換金できる。

それに対して現在の人民元は、海外に持っていった場合、ほとんど換金ができず、ただの紙切れに過ぎない。だから中国人たちは、人民元をまず米ドルに両替する。そのドルは世界中に分散され、それが賄賂やさまざまな不正な資金に使われていることもまた、ひとつの事実である。

そうした動きに対する規制がいま世界中で始まっている。

ＦＡＴＦ（マネーロンダリングに関する金融活動作業部会）による国際的なマネーロンダリング規制がその代表例として挙げられよう。簡単にいえば、世界中の資金を本来の所有者とともにトレースしていく仕組みということになる。

２００９年、リーマン・ショック以降の世界経済の混乱の中で、米国は世界中に分散している米国人、および米国籍保有者が関係する資金の流れを確実にチェックする動きに出た。

その最たるものが、スイスの銀行口座の強制開示であった。かつてスイスは銀行法によって、スイスの銀行口座所有者、金額等は一切漏らさないとしていたが、米国の圧力に屈する形で、スイスに銀行口座を持つ者の氏名の開示を始めた。

そのデータの中に大量の中国共産党幹部や同関係者が含まれていたとされ、その一部がつい先般リークされた。ＨＳＢＣ（香港上海銀行）のマネーロンダリングに李鵬元首相の娘の名前（李小琳）が浮上してきたのである。

これを、ＳＷＩＳＳ ＬＥＡＫＳ（スイスリークス）という。リークされたのはあくまでもその一部であり、それ以外にも膨大な量の情報を米国当局が握っているものと想像できる。

また、昨年施行されたＦＡＴＣＡ（外国口座税務コンプライアンス）法によって、米国国籍保有者はすべての資金の出入りを米財務当局に対して報告しなければならなくなった。

当然ながら、米国の国籍保有者となった中国の裸官の親族も例外ではないため、当局の現状把握はかなり進んでいるはずだ。

## 急増する中国系移民の審査を停止したオーストラリア

移民問題は米国だけではなく、世界中で巨大な問題になりつつある。

欧州で大問題になっているのは、ギリシャのコス島への移民である。ここはギリシャ本土よりトルコに近い。

欧州にはヒト・モノ・カネの移動を自由にしたシェンゲン協定が存在する。これを利用してギリシャ・コス島を突破口に欧州に入り込もうとしている人たちが膨大に生まれているのだ。

こうした実情を受けて、世界中が移民に対して厳しくなっている。G7のほぼすべての国が、移民や経済難民に対して厳しい対応をせざるを得ない状況になっている中、政治家トランプの登場により、各国の移民政策の縛りが一気に厳格化される可能性が出てきた。

だが、欧州とアジアでは同じ移民でも、事情はまったく異なる。

アジアにおいていちばん問題になっているのは、韓国系、中国系の移民である。嚆矢となったのは、1997年の香港返還にともなう英国および大英連邦諸国の香港人受け入れであった。これが悪用される形で、どんどん権利拡大がなされてきた。オーストラリア、カナダでもこれが顕著化し、大きな問題となっている。

オーストラリアの前政権は左派の労働党政権で、中国系の支持者によって選挙に勝利したといわれている。だが、中国系ロビーに支援される労働党政権は本来のオーストラリア人の強い反発を呼び、政権交代がなされた。この政権交代により、中国系のロビーの力は一気に弱体化した。

カナダも同様で、少し前までは投資移民の形で、中国からの移民を受け入れていた。だが、移民申請者の数があまりにも増えたため、2014年2月から審査を停止させている状況だ。驚くなかれ、現在、カナダ移民をリクエストする中国人のウェイティングリストは4万6000人もいるそうだ。

中国人の移民ラッシュのメッカは西海岸のバンクーバーだ。ここで大問題となっているのが、移民した中国人同士の対立、加えてもともとバンクーバーに住んでいたカナダ人と中国人移民の対立である。対立が重層化しているのだ。

中国人同士の対立とは、1997年の香港返還時にバンクーバーに移り住んだ香港人と、

2000年代後半から裸官の親族を含む大陸から逃げてきた新参者との対立。元からの住民はあまりの中国系移民の多さに恐れをなすとともに、中国人の行儀の悪さ（民度の低さ）に辟易とし、これ以上の移民を増やさないよう政府に働きかけた。

対立構造にあるカナダ人、香港人、新参の中国人、三者の居住地ははっきりと色分けされている。

## ニューカマーに荒らされる横浜中華街

中国人、韓国人の移民で最大の問題は、現地に同化しないことだろう。どの国に住みついても、そこにさっさとチャイナタウンをつくってしまう。これがアフリカでもヨーロッパでも問題視され、一般市民から苦情が殺到しているのである。

これは日本でも同様だ。日本の横浜中華街も、戦前から日本国籍を持つ中国人と、亡命中国人、それとニューカマーが混在している。横浜中華街で「1980円食べ放題」を実施しているのはニューカマーの連中で、彼らによって中華街の味のレベルが落ちると同時に、中華街そのものの環境が非常に悪化している。

また、安売り店が出ることによって、老舗の中華料理屋が潰れる。潰れたところを新興勢力が乗っ取っていくという構図が生まれている。こうした下剋上が世界中のチャイナタウンで起きており、古い中国人と新しい中国人の激しいぶつかり合いが起きている。

こうした実状に対する解決策のひとつが、先に述べたアンカーベイビーは許さないとする政策だ。移民そのものというより、不法な取得手段をとった移民は認めない、というのが落としどころになるのだと思うが、このような方針が強まってきた場合、世界に拡散している中国人は、母国に追い返されることになる。

## 移民の合法的排除ができるイギリスのスコアリングシステム

同じアジア系ということで、移民を希望する日本人も大きな被害を受けている。なぜならば、移民を審査する当局に「アジア枠」という形で一括りにされているからだ。日本人枠をつくってしまうとアジアの他国から差別だと抗議されるので、どうしてもアジアという広い枠組みの中に日本人は含まれてしまうことになる。日本人はウェルカムであっても、アジア枠という採点基準が変更されることはまずない。

たとえばイギリスの移民および就労ビザは、スコアリングシステムを採用している。シエンゲン圏、非シェンゲン圏、アジア、米国などエリア別に基準になる点数が違うというもので、アジアはベース点数が低くなっている。

これはイギリスの非常に上手いところで、スコアリングを利用した合法的排除ができるのである。

さらにイギリスはルールを厳格化することで合法的に締め出しを行っているフシも見受けられる。2012年に施行された永住ビザのルールに反するとして、国外退去を命じられた日本人、しかも大学教授もいるほどだ。彼女の場合、フィールドワークや人道支援のため、200日以上イギリスを離れたことがルール違反とされたという。

それに対してフランスでは、「暴力的手段でも追い返せ」と移民排斥を掲げるマリーヌ・ル・ペンが率いる国民戦線のような強硬な右派が生まれている。

このように濃淡はあるものの、世界各国が利己主義的というか、一種のエゴイズムにどんどん染まっていく傾向が浮上している。

## 欧米の金融資本構造をすべて壊したリーマン・ショック

欧州、米国、もちろん日本にも同じことがいえるのだが、経済が悪化すると、やはり自国の利益を最優先せざるを得なくなる。

そのエゴが出始めている。富の量を絶対的に100とすると、いままでは80を先進国、20を新興国が使っていた。それが新興国が50をとるようになったことから、80を使えていた先進国の権利が50に制限されることになった。要は、先進国の1人当たりの富の割り当てが減ってしまったことが、その根底にあるのだ。

そして、これをうまく誤魔化してきたのが、いわゆる国際金融だったわけである。

現在の国際金融を担うHSBCにしても、ING、スタンダード・チャータードにしても、さかのぼれば東インド会社にたどりつく。工業化の過程で新興国が生み出した利益を配当と金利で吸い上げ、それを先進国の母国に持って帰る、というポンプ作業が行われてきた。

このパターンが2008年9月、米国で発生したリーマン・ショックにより、すっかり壊れてしまった。

欧米ともに金融資本構造が壊れた状況下、投資銀行部門を極度に縮小化してきた。これはかつてのポンプ作業がもはや成立しないことを意味する。新興国に流れたお金が母国に還流しない構造になってしまったわけである。

したがって、新興国が発展することによる先進国のメリットよりも、デメリットのほうが大きくなった。

この前提で考えた場合、この先、先進国は中国や他の新興国に対して、最早やさしい投げかけはしないと思う。

どの民主主義国家においても、国籍を持たなければ選挙に参加する権利をもらえない。逆に言えば、国籍を持っている国民は、すべて既得権益層ともいえる。

彼らの投票が国を動かす。そうすると、国民は自分たちに不利になる投票行動は行わないわけである。

## 変遷する米国で底辺の仕事に携わる外国人

前述した米大統領選挙に共和党候補者指名争いをしているトランプは、「中国によりわれわれ米国人は大損している」と中国をやり玉に挙げている。彼はこう続ける。

「米国の企業も中国に進出して中国でモノをつくっているので、中国からモノを買うのは良いのだが、これによって、米国で失業者が生まれている。中国のために米国の製造業が駄目になっている、中国から安い商品が入ってくるから米国でモノをつくれなくなってしまった、これも中国が悪い」

なぜ米国が一方的に損をしなくてはならないのか…という論調なのである。少々下品な表現だが、米国は中国や韓国に一方的に骨の髄までしゃぶられているというのである。

一方、日本に関しては、「日本は日米安全保障でおいしい思いをしているものの、米国が成長するためには技術支援を含めて日本との関係を強化する以外、米国が単独で上手くやっていく方法はなかなかない」と考えている模様である。しかし、中国、韓国に対しては、米国から一方的搾取をしていると強硬姿勢を見せている。

トランプが大統領になるか否かはともかく、彼の発言が移民問題やアンカーベイビーを議論の俎上に上げ、波紋を投げかけたということから、今後、米国の世論は大きく変わるであろう。

貧しい移民の人たちが米国の経済を支えてきたのは、歴史のひとつの側面といえる。もともと米国のキオスク販売員や靴磨きは、貧しい移民の人たちの仕事であった。第二次世界大戦後、米国でいちばん末端の仕事に携わっていたのは間違いなくユダヤ人だった。ユダヤ人から底辺の労働者は黒人に移っていった。

その黒人の仕事を奪ったのが、いわゆるヒスパニック系の人たちであった。そのヒスパニック系の仕事をとったのが韓国人、その次が中国人であったわけである。

やがて、ヒスパニックと黒人層というひとつのグループと、韓国、中国のグループの対立構造が尖鋭化してきた。黒人暴動はその典型で、必ず韓国人経営の商店が狙われるのをみてもわかるだろう。

韓国人にくっついてきたニューカマーの中国人には、富裕層だけでなく貧しい人間も多い。彼らは外航貨物船のコンテナに潜んで不法入国を果たす。それを斡旋するのは中国のスネークヘッド（蛇頭）だ。

トランプは密入国を一切認めず、不法移民はいったん全員追い返すと宣言しており、不法移民で稼いでいるスネークヘッドも追放の対象となる。よくよく考えてみれば、移民ビジネスはある意味、人身売買ビジネスに重なるところがある。

これまで米国人は不法移民について見て見ぬふりをしてきた。おそらく心の底では強い不満を抱いていたが、口には出さなかった。そこに切り込んだのがトランプなのだ。

## 世界中が苦慮する難民への対処

いま、「移民」と「難民」が同列に語られている。あるいは経済難民と政治難民が同列に語られている。これが問題で、こうした混同が移民、難民問題をものすごく複雑にしてしまっている。

日本は、人手不足から移民に対する議論が少し進んでる状況ではあるものの、経済難民については一貫して認めない、という立場をとってきた。それと同時に、自然国境に恵まれる島国なので、たまたま難民問題に直面せずに今日まで来られた。

しかし、欧州のような大陸ではそんなことは言っていられない。ハンガリーのように難民の流入を防ぐために鉄条網をつくったり、どことは明言しないが、有刺鉄線では間に合わないから高圧電流を流しておく措置をとろうとする国もあるほどだ。

海に囲まれていても、ユーロトンネルが通るイギリスの場合は日本のように悠長なことは言っていられない。フランスから1日に150人もの難民が歩いてトンネルを渡ろうとするのが現状だ。イギリスはフランスに対して、きちんとしたガードを付けろと強く要望しているし、トンネルの入口を封鎖することも視野に入れているという。

以上のように世界中が神経を尖らせている時に、中国人だけが特別に海外に移民できるかといえばそれは無理な話である。世界各国が欲しいのは中国の金であって、中国人ではないのだから…。

そうなると、これまでのような中国の拡大主義はもはや通用しなくなるはずである。

リーマン・ショックによりグローバリズムが崩壊し、世界的にナショナリズムの方向に進みつつある。これが世界の連動した動きなのである。

むろん日本もそうした動きにならざるを得ない。その中において、中国だけが他国の領土を侵略したり、他国の地域・土地を奪ったり、富を奪うことが許されるのかということだ。

たとえば、アフリカの問題などもその一部なのだろうが、中国がアフリカから搾取している資源は、もともとは欧州の利権であった。奪われた側である欧州は強い不満を抱いているわけで、必然的に中国に対しての対応もこれから変わってくるはずである。

ただひとつ微妙なのはイギリスだろう。かつて香港を統治していたイギリスにとって、中国がナショナリズムの方向に大きく傾斜し、マオイストが増えて自由化を放棄するとなると窮地に陥ることになる。

中国の姿勢は年々強硬になっており、返還後50年は香港の一国二制度を認めるという約束を反故《ほご》にしかねない空気をイギリス側は感じ取っているはずだ。

そうなってくると、イギリスは香港に残してきた利権のすべてを失うことになるわけである。当然ながらイギリスはそれを許さないだろう。

# 第4章

# 大きく変化している韓国・台湾

## 日本の民主党政権誕生後に一気に強気に出てきた韓国

韓国がかなり中国に接近している。

中国の抗日戦争勝利70年パレードに対しても、日本や米国の制止を振り切ってまで参加した。韓国は日米よりも中国を選択したという判断ができると思う。

ちなみに韓国の朴大統領が同パレードに出席することへの感想を問われた菅義偉官房長官が、

「第三国のやることに関して、日本政府としては関知しない」

と答えたのは見事であった。「他国」とはいわずに「第三国」と言ってのけた。非常な皮肉が利いていて、わかる人にはわかるコメントだっただろう。

さて、日本や米国は韓国を共産主義と戦う壁、またユーラシア大陸の橋頭堡として利用してきた側面がある。それが自由主義社会のショーケースといわれた所以だったが、ソ連が崩壊し、中国が改革開放路線を進めたことにより、韓国は時代的な役割を終えた。

1997年にアジア通貨危機が起きて、もともと日本が持っていた韓国でのさまざまな利権が一気に失われた。経済援助、技術支援の名のもとに投下された資金と人脈が、アジ

「抗日戦争と世界反ファシズム戦争勝利70周年」の記念行事に出席した（前列左から）韓国の朴槿恵大統領、ロシアのプーチン大統領、習近平国家主席。
（写真=共同通信社/amanaimages）

ア通貨危機によってほぼ崩壊したのである。

その後、シティバンクを中心としたいわゆる国際金融資本がサムスン株を買うなど、韓国経済を席捲した。完全に米国の支配下に落ちるかに見えたが、２００３年に盧武鉉《ノムヒョン》政権が生まれた時点で、韓国の政策は一気に転換された。太陽政策という形で中国共産党寄りになり、北朝鮮との融和と同時に、米国との対立という道を選択したのだ。

これが次の李明博《イミョンバク》政権により改善されつつあったものの、本質的な流れは変わらず、日本や米国との対立構造はどんどん深化していった。幸か不幸か、日本で民主党への政権交代が起きたことを、日本の弱体化と見た韓国は、一気に強気に出始めたわけである。

同時に中国の経済拡大と米国のプレゼンス

の弱体化という2つの現実を前に、中国を選択したわけである。

2008年9月のリーマン・ショックの後、外貨準備が少なく外需依存という2つの経済構造によって、韓国は非常に切迫した状況に追い込まれた。自国の国内資本が少なく、ほとんど海外の投資家によって支えられてきた韓国経済は外国資金の国外流出により、一気に金融危機・通貨危機に襲われた。だが、それはある意味必然であった。

こうした事態を受け、韓国は、日本に対して今後、戦後賠償の話題や、日本を侮辱するような行為は一切行わないという条件の下で、日本側からスワップを提供してもらい、保障環境を整備して経済危機から逃れたのであった。

ところがその後、自民党政権が崩壊し、民主党政権が誕生した。これを日本の弱体化と見るや、手のひらを返したかのように天皇陛下に対して土下座を要求し、日本はもう終わったなどと好き勝手なことを言い出したわけである。

スワップ提供時の総理大臣は麻生太郎氏であった。奇《く》しくも彼は現在財務大臣の任にあたっており、日本の当局者にはもちろん、当時の秘書官や政策スタッフがそのままいまの金融政策を担っている。

韓国に裏切られた連中が、日本の政府当局にいる限り、韓国に対する支援に応じるはずがない。だから対韓スワップはすべて全部切り捨てられた。これは別に日本だけの話ではなくて、米国もそういう厳しい姿勢を見せた。

## 決定的になりつつある韓国と米国の決別

従来から米国側は、韓国に対してミサイル防衛網を導入するよう強く要請していた。なぜならば、北朝鮮なり中国から発射されたミサイルが韓国上空を通過することから、韓国のミサイル防衛網導入はアジア全域の、ひいては米国の安全保障のために極めて有効と見られるからだ。

だが、韓国側は拒絶し続けた。韓国側の言い分は、韓国国内に落ちるミサイルを迎撃できる独自の防衛網を構築する、ということであった。

ただし、この根底には韓国側の中国との関係強化という思惑と、中国側の強い反対があったといわれている。一部では、中国と軍事同盟が結ばれる直前までアプローチしたという情報も流れていた。

それに対して、米国が費用は米国負担で構わないからミサイル防衛網を導入するようにとまで譲歩しても、韓国はイエスと言わなかった。

今回北京での軍事パレードに朴大統領が出席したことにより、韓国と米国の決別は、決定的になりつつある。この状況は当然、米国内の韓国人にも反映されるわけである。先述した移民排斥もこれに関連してくるはずだ。

チャイナバブル崩壊によって、このプロセスが一気に前倒しされる可能性も高い。チャイナバブルが崩壊した後、当然、韓国経済はタダではすまない。

たとえば韓国のサムスンは確かに巨大な液晶メーカーだし、世界最大級のメモリメーカーなのだが、それをつくっている機械と材料は、すべて日本製である。逆に言うと、日本の製造メーカーの技術と日本の基礎材料があれば、別に韓国でつくらなくても構わないということになる。

現状において、中国の技術レベルは韓国以下なわけで、要は中国も韓国も所詮は「パクリ大国」でしかない。パクっている限り、パクリ元がなくなったら止まってしまうという基本構造は、誰の目から見ても明らかだ。仮にパクリ元になる国が、中国、韓国以外のところに舵を一気に切り替えたら、それで終わってしまうものなのである。

## 中国とともに沈没する韓国

先進国が持つ最大の利権は2種類ある。ひとつは金融による支配であるが、これが壊れても、もうひとつの利権がある。それは知的所有権、パテント利権である。

特許技術にともなう先行利益。これが先進国を維持させている根底にあるわけで、いま、先進国側はパテントを武器に強硬に切り込もうとしている。

今回のTPP交渉においても、知的所有権の問題が大きく取り上げられた。知的所有権に関して、先進国はそれが国家の生命線だと知悉《ちしつ》しているので、新興国に対して譲歩することは絶対にない。

日本側がその前段階でつくったひとつの包囲網がACTA（偽造品の取引の防止に関する協定）であった。先進国同士で協定を結び、どこかの国で知的所有権侵害があると判断されたものは、ACTA加盟国では絶対に購入しないとする取り決めだ。

日本の特許技術をパクった国の企業は輸出はできる。だが、輸入側となる先進国が「ノーサンキュー」と追い返せるという、一種の中国、韓国包囲網なのである。

韓国が日本側や米国側に参加するつもりがあるのなら、もっと前の段階で戦略を転換し

## 1人当たりGDPが3000ドルに達したアジア新興国・地域の成長推移

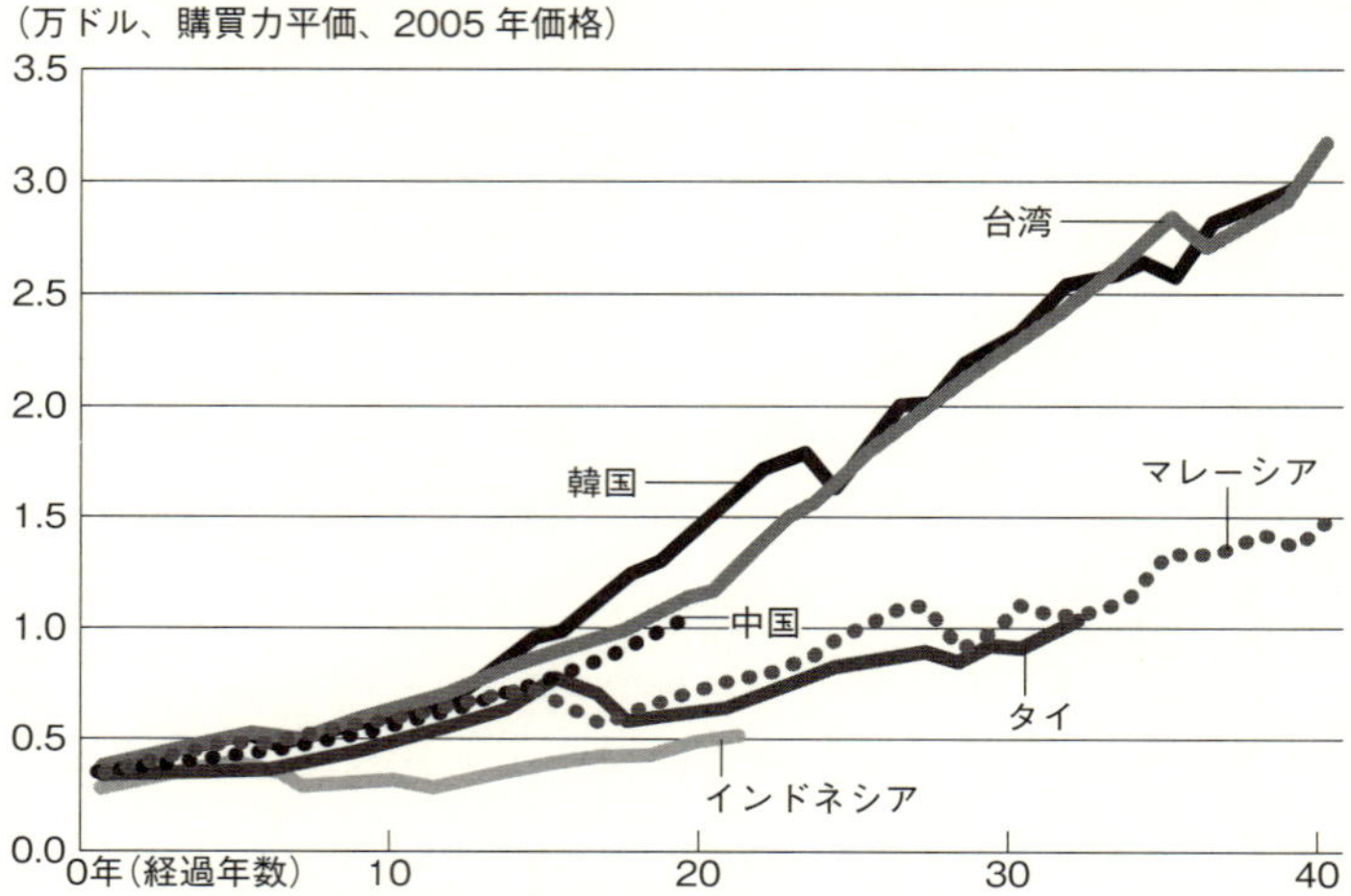


出典：Penn World Table、世界銀行により日本政策投資銀行作成

## 日本とアジア新興国・地域の研究開発と特許関連の指標

| | 研究開発費対GDP比（%、2013年） | 特許認可件数（万件、2013年） |
|---|---|---|
| 日本 | 3.40 | 27.7 |
| 韓国 | 3.62 | 12.4 |
| 台湾 | 2.35 | n.a. |
| マレーシア | 0.75 | 0.3 |
| 中国 | 1.90 | 20.8 |
| タイ | 0.25 | 0.1 |
| インドネシア | 0.15 | n.a. |

出典：1. 世界銀行、Battelle、世界知的所有権機関　2. タイの研究開発費は06年

なくてはならなかったのだが、いまもなお韓国は中国にすり寄っている。

この分だと、中国経済の崩壊とともに、韓国経済も崩壊していく可能性が大きい。いやむしろ、中国よりも韓国のほうが先にクラッシュする可能性もあるのではないか。

バブルが崩壊しても、中国はある種計画経済なので、一定の統制は利くが、自由主義経済の韓国はそうはいかない。つまり中国がおかしくなると、先に韓国のほうがダメージを被るわけである。私が韓国は終わった、と言うのはそういうことだ。

同時に、そういう場合に日本がとるべき戦略のひとつが、北朝鮮の扱いについてだ。背景にあるのは、米国とキューバとの国交回復である。「友好国」でも「敵国」でもなく、「隣国」だとする言い方で、米国は最近まで国家として認めなかったキューバを認めた。同様に、日本と北朝鮮との間、米国と北朝鮮との間で、同じ形態の新たな枠組みができるかもしれない。

仮にそうなったら、韓国の存在意義はなくなる。

北朝鮮を国家として認めてしまうと、現在の北朝鮮と韓国の休戦協定の意味が消滅してしまい、韓国への米軍駐留の意味がなくなる。話題の戦時統制権うんぬん以前の問題であり、そもそも韓国に駐留する国連軍が必要なくなる（在韓米軍はあくまでも国連軍の残留部隊）からである。

## 大きく変化し続けている台湾世論

ご存知のように、台湾と日本の間に国交はない。

あくまでも日本は40数年前、中国と台湾という「2つの中国」を巡り、従来、台湾だけを正統な政府としていたのを中国共産党、現在の中華人民共和国を国家として認めた。その代わり、台湾との断交を行ったという哀しい歴史が存在する。

国交がないがゆえに、政府と政府との間の交渉はできない。しかし、政党と政党、日本でいえば、長らく政権政党であった自民党と国民党、自民党と民進党という形の政党間の外交が繰り広げられてきた、というのが実態なのである。

国交はないものの、民間外交という名の下に、日台関係は細々とつながれてきた側面がある。そして、もうひとつ外交の要となったのが政党間外交である。

自民党が常に与党であったがゆえに、台湾政府と直接交渉を持つことができず、党内の実力者が台湾を訪れることも政治的になかなか難しい状況にあった。

ところが自民党の野党転落によって、このクサビがある意味、解かれた。自民党が野党に転落したことで、政党間外交が自由にできるようになったからである。

かつて自民党の閣僚や総理経験者は、台湾に直接赴くことができなかったが、何の権限もない野党の立場であれば、自由に行くことができるようになった。

台湾は東日本大震災において、世界でもっとも多額の金額を寄付してくれ、日本を支えてくれた国である。当時の民主党政権は、世界中に謝礼広告を打つ中で、台湾にだけ謝礼広告を打たないという選択をしてしまった。これに対して、私の妻（木坂麻衣子）が中心となり、有志を募り民間人が広告を打ったのであった。

良いことをしてもらったら、お礼を言わないのは気持ちが悪い。政治的な意味があるわけではなく単にお礼を言いたいという行動であったわけだが、これが台湾と日本との世論や関係を大きく変えたことは間違いがないことであろう。また、民間の動きをこれ幸いと便乗し、政治家たちも関係改善に動いたのであった。

台湾側も日本側もかつてパイプといわれていた人たちがどんどん高齢化してしまい、李登輝元総統を中心とした親日派の政治勢力も後継者不足に悩んでいた。ところが日本で国民的な動きとして台湾を優遇する、台湾と民間との間でつながりが深まる動きが起きたことから、一気にその情勢が変化し始めたのだ。

多くの若い日本人が台湾を好んで旅行するようになり、台湾人が大量に日本に旅行するという状況が起きている。これにより、台湾と日本との関係は親密化を増していると同時に、政治的にも大きな変化が台湾国内で起き始めている。

台湾と中国の一本化、経済的一本化を進める「サービス協定」を巡る対応がその典型例といえる。台湾の学生たちが理不尽なサービス協定に猛反対し、立法府を取り囲む運動を起こし、それが台湾国内で大きな政治問題化した。

これによって、台湾の世論は大きく変化し始めた。実際に、つい先日行われた台湾の地方選挙でも国民党が歴史的大敗を喫し、民進党や無所属の議員が躍進するという状況が起き始めている。また台北市の市長選も、新人無所属というこれまでなかった候補者が当選、従来の政党が中心の台湾政治を大きく変化させるムーブメントが盛り上がっているわけである。

## 2016年1月に行われる総統・副総統・立法院選挙

台湾の場合、1996年に初めての総統直接選挙で誕生した李登輝政権まで完全な民主化が行われず、台湾国民党の独裁体制が継続してきた。一種の軍事独裁体制であったために、野党は存在せず、普通選挙も行われてこなかった。

ところが、官僚であった李登輝が政治家に転身し、総統に選ばれたことにより、国民党の一党独裁体制が崩壊した。民主化の流れの中で民進党という新しい政党も生まれ、新機軸が生まれ始めたというのが台湾の現状である。

民進党が一時的に政権をとる場面もあったのだが、結局は挫折し、政権担当能力に疑いが持たれた側面もあった。

そしてその後、馬英九政権が誕生した。総統になった直後の馬英九は、中国に非常に近い立場の発言を繰り返していたが、ここにきてその発言が否定され始め、国内世論から攻撃を受けている。来年1月16日に、総統・副総統選挙と立法院選挙が行われるわけであるが、国民党がこの選挙で大敗するという予測が出始めている。

これは中国のバブル崩壊とも、ある意味、連動する動きであるといえるだろう。

台湾人にとって、中国は非常に有益、かつ有利なビジネスパートナーである。

言語も民族も同じだからだが、中国のバブル崩壊は、台湾の人たちにとっても、中国が利益の対象外となることを意味する、また、バブル崩壊が台湾と中国との関係を悪化させるならば、台湾は中国との関係の大幅な見直しを迫られる可能性を秘めている。中国を完全に切り捨てるわけにはいかなくとも、中国との距離感が再び広がる可能性があるということだ。

## 台湾のいちばんの懸念は不動産バブル崩壊

対台湾戦略については、日米とも歩調を合わせている。日本は台湾に対して、非常時の支援体制を強化するとしているし、米軍はかねてより台湾に新型戦闘機を売る動きを進めている。東シナ海全体の安全保障において、台湾が地域的な要となるからに他ならない。日本側の大きな懸念として浮上しているのは、親中派の知事が生まれてしまった沖縄の今後であろう。

それゆえに沖縄の飛び地である台湾とフィリピンとベトナムは極めて重要になってこよう。沖縄に一朝何か起きた時に、周辺の台湾、フィリピン、ベトナムに、日本の自衛隊および自衛隊施設が置かれることにより、つまり沖縄を包囲する形で、日本全体の安全保障構造が維持できるわけである。

中国のバブル崩壊によって、台湾の世論はサービス協定の反対方向に進む可能性があり、中国の富裕層が減少することによって、逆に台湾の場合、難民問題が生じる可能性が出てきた。

## 中国から見た沖縄・太平洋に蓋をする日本

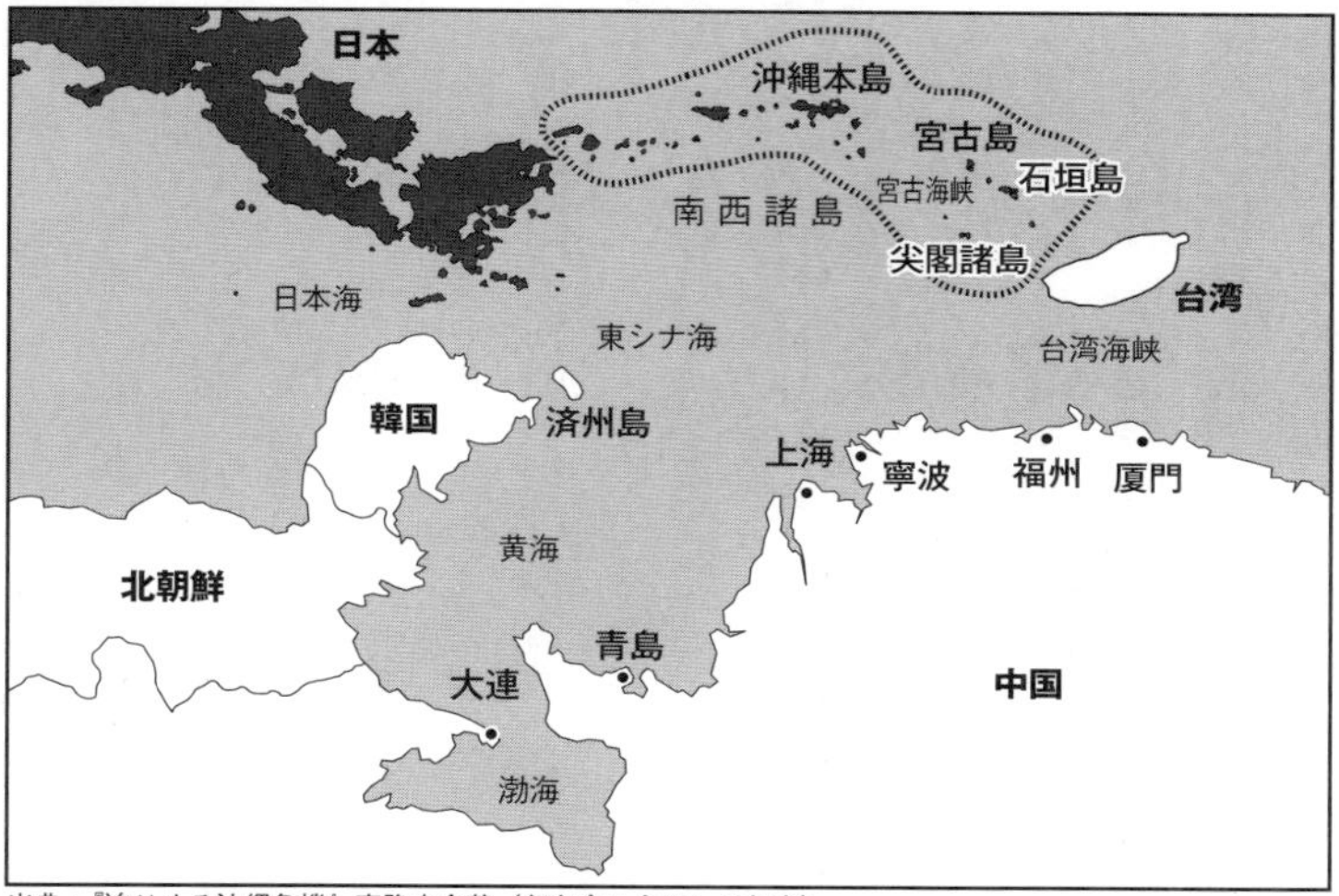


出典：『迫りくる沖縄危機』惠隆之介著（幻冬舎ルネサンス新書）

ところで、現在の台湾におけるいちばんの懸念は、台湾の不動産バブル崩壊であろう。具体的には、台北の不動産バブルが極限状態にまで膨れ上がっているのである。

たとえば、築10年の１００平米ぐらいのマンション物件の価格が5億円、10億円の世界になっている。利回りなど出るわけがない。銀行に利子など払っていたら、借入資金の利息でマイナスになってしまう。もちろん、借り手がいるのかという根本的な問題もある。

バブル状況で経済がうまく回っている時には、信用創造がうまく機能するので、あぶく銭が生まれる。そのあぶく銭が消費に回って、それが次の消費に回るように、プラスの連鎖が膨らんでいくわけだが、それが一気に壊れた時の影響は計り知れない。このままでは台湾は、国内のバブル崩壊に見舞われる公算が強い。

製造業に関しては、中国の内需を目当てにしている企業は少なく、中国政府と関係の深い旺旺《ワンワン》財閥あたりが大陸でのビジネスを大きく展開しているぐらいである。

逆に、世界最大の受託生産企業として知られるフォックスコンなどは、中国を製造拠点のひとつとして利用しているだけだ。ＡＳＵＳ、ＡＣＥＲなどのＯＤＭ、ＯＥＭの企業も、基本的に中国を利用しているだけであって、別に中国国内の内需が目的というわけではない。

## 苦しむのは中国の内需向け比率の高い日本企業

本章の最後に、中国バブル崩壊による日本経済への影響を考察しておこう。

私は、これが株式市場に限定されている限り、軽微であると思う。なぜならば、今回崩壊した中国の株式市場は主に大陸に住む中国人向けのものであり、中国国内の貸出のほとんどが人民元建て取引であるからだ。ある意味、自由化されていなかったことが他国への波及を抑制する形になっているわけである。

郵便はがき

料金受取人払郵便

牛込局承認

6893

差出有効期間
平成28年3月
31日まで
切手はいりません

1 6 2-8 7 9 0

東京都新宿区矢来町114番地
神楽坂高橋ビル5F

株式会社ビジネス社

愛読者係 行

| | | |
|---|---|---|
| ご住所 〒<br>TEL： （ ） FAX： （ ） | | |
| フリガナ<br>お名前 | 年齢 | 性別<br>男・女 |
| ご職業 | メールアドレスまたはFAX<br><br>メールまたはFAXによる新刊案内をご希望の方は、ご記入下さい。 | |
| お買い上げ日・書店名<br>年 月 日 | 市区<br>町村 | 書店 |

ご購読ありがとうございました。今後の出版企画の参考に
致したいと存じますので、ぜひご意見をお聞かせください。

# 書籍名

お買い求めの動機
1　書店で見て　　2　新聞広告（紙名　　　　　　　　）
3　書評・新刊紹介（掲載紙名　　　　　　　　）
4　知人・同僚のすすめ　　5　上司、先生のすすめ　　6　その他

本書の装幀（カバー），デザインなどに関するご感想
1　洒落ていた　　2　めだっていた　　3　タイトルがよい
4　まあまあ　　5　よくない　　6　その他(　　　　　　　　)

本書の定価についてご意見をお聞かせください
1　高い　　2　安い　　3　手ごろ　　4　その他(　　　　　　　　)

本書についてご意見をお聞かせください

どんな出版をご希望ですか（著者、テーマなど）

10月2日の国慶節に東京・銀座のラオックス（中国系家電販売店）に大勢でやってきた中国人。

しかしバブル崩壊は連鎖し、消費の減退と不良債権処理などを通じて、日本にも大きな影響を与える可能性は否めない。東京都心の不動産価格上昇は、中国人の積極的な投資が大きな要因になっており、都心部の百貨店などの消費も、中国人観光客が支えているのも事実なのである。

また、日本企業の中でも中国関連事業の割合が高い企業があるのも事実で、中国の経済悪化がそのような企業の業績を悪化させる可能性も高い。しかし、中国関連企業と言ってもさまざまなものがあり、すべてを同列に語るのは間違いであろう。中国のバブル崩壊でもっとも影響を受けやすいのは、中国で生産し輸出している企業ではなく、中国の内需向け比率が高い企業ということになる。

そして、これはすでに日本の株価にも反映されつつある。中国関連株は中国の指標や株価に連動するからである。投資家は企業の業績予測を基に株式の売買を行っている。株価が一種の未来指標と言われる所以でもある。

当然、これは当事者である企業側も意識しており、まともな経営者ならば適切なリスクマネジメント体制を敷くことになる。そして、結果的に企業業績へのリスクが軽減されてゆくことになる。

しかし、中国ビジネスに深入りしすぎてしまった企業や依存度が高過ぎる企業には、これは容易ではないだろう。中国の場合、計画経済的側面と政府による大胆な強硬策が採られるため、一般論で語るのは難しい部分もあるが、一般的にバブルの崩壊が始まってから、それが実体経済に反映され、影響が顕著化するまで半年程度かかると言われている。

この残された時間にどのような経営判断をするかが、今後の日本企業の命運を決めるものと思われる。

# 第5章

# そして日本はどうなる

## 日本に回帰する白物家電の生産

中国の人件費高騰と円安を受けて、中国で製造するより日本で製造したほうが生産性の高いカテゴリーの製品が多く出始めている。そこから、日本への生産移転が始まっているのだ。

これには2つの条件がある。大きさ、そして鮮度だ。どちらも輸送コストが高い。基本的にモノの生産、モノの原価を考える時に、消費地にもっとも近い地域で生産して販売すれば、流通コストが安く済む。

また、消費地に近いところほど生産量のコントロールの必要がなくなる。流通が一本化され、小ロット生産が中心になりつつある現状においては、単純に消費地に近いところのほうが有利だ。もちろん日本企業であれば、日本国内でつくるのがいちばん融通が利きやすい

そういう意味で、中国で生産されていた白物家電については、日本の内需向けに、どんどん日本に舞い戻ってきている。

白物家電のような耐久消費財に関しては、本来はニーズがしっかりと把握できる地元で

## 日本の設備投資額の増減率

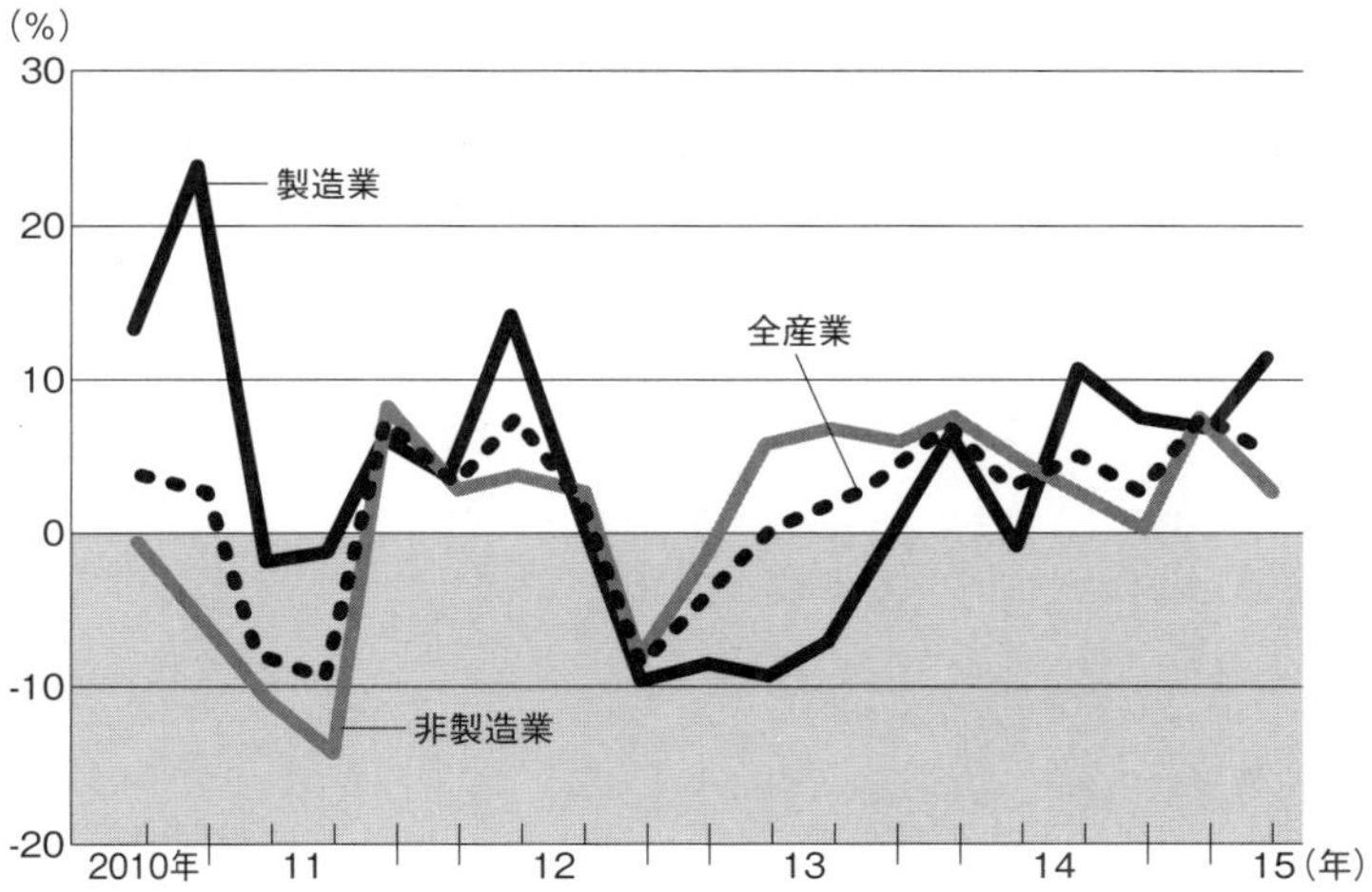


(四半期ベース、前年同期比)

企画、生産するところが強い。安い白物家電が大量に出回っている中国での生産で失敗したのが三洋電機であった。結局、ハイアールに軒先を貸して母屋を取られるという格好となった。したがって白物家電の分野については、どんどん日本に回帰してくるだろう。

あとは鮮度が必要な、たとえばCPUのような、小さくても単価の高いものなども日本に回帰してくる傾向が強いだろう。

誤った判断で中国にこだわると、バブルが崩壊した中国と一蓮托生になりかねない。

さまざまな日本の経営者がいるが、いわゆる創業社長たちがいなくなった後にサラリーマン出身の社長がトップとなった企業の多くが迷走している。なぜか。サラリーマンの行動基準とはリスクマネジメント、つまり保身であるからだ。保身が大きなマイナスを生んでいるのである。

今後も経営者が保身するがゆえに、中国にこだわりすぎてしまう会社が出てくる可能性がある。

## リスク拡大必至の伊藤忠とイオン

中国という国家もそうだが、それ以上に中国企業も中身のわからないところが多い。

住宅設備最大手のＬＩＸＩＬグループ、合成樹脂などを扱う江守グループホールディングスなどは中国子会社の粉飾により大変な目に遭わされた。江守グループは本社の経営破綻にまで追い込まれてしまった。

それほど中国企業の決算とその内容には不透明な側面が強いわけである。

このような粉飾の多くは、手元資金の枯渇により発覚する。企業は赤字でも潰れない。企業倒産の原因は手元資金のショートであり、融資でも何でも手元資金さえ確保できれば倒産しない。

そして、企業が破綻した場合、売掛金の回収不能などの形で、関係企業にも影響がおよ

## 日本の対中国貿易総額の推移

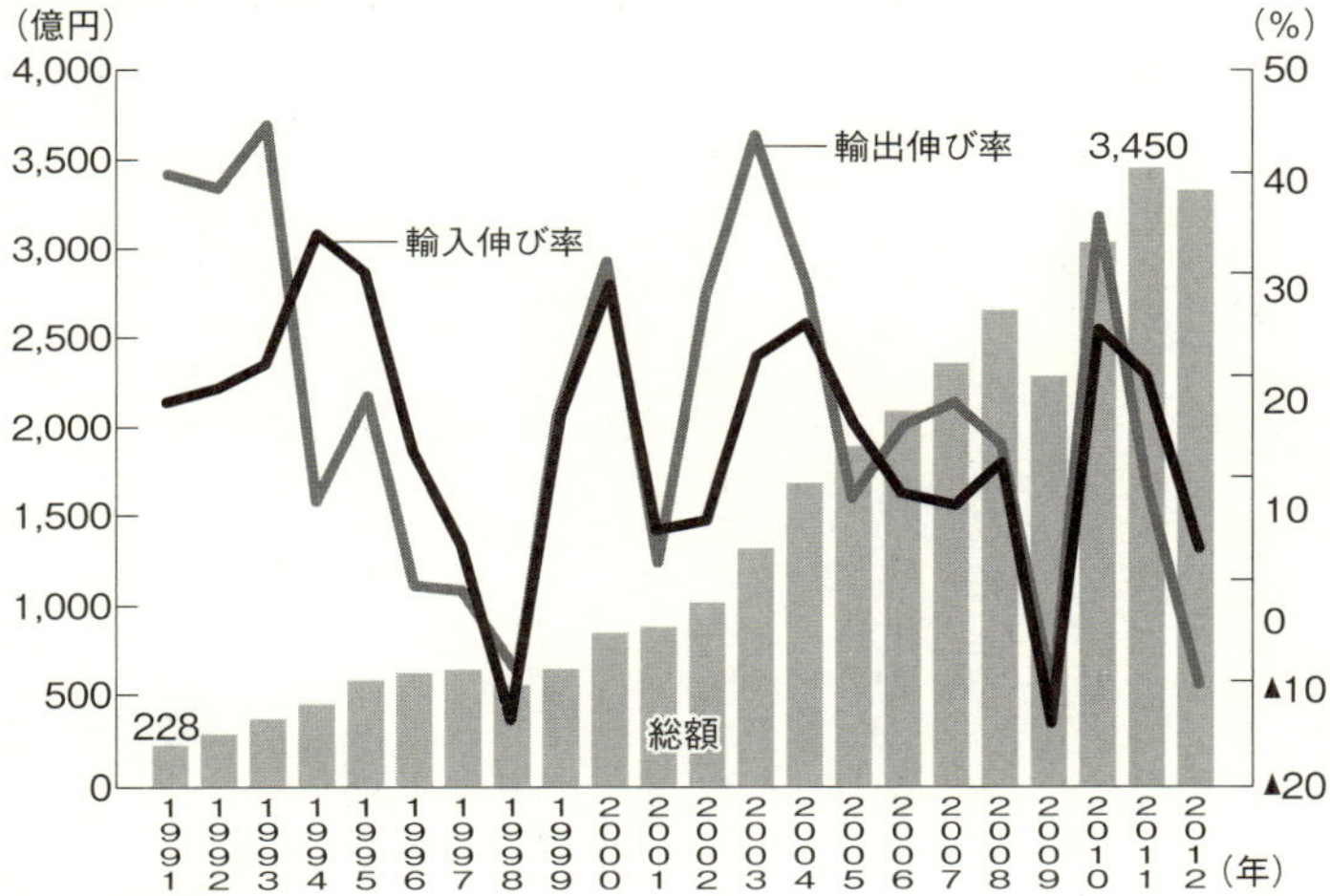


出典：財務省貿易統計

ぶわけである。企業の倒産は連鎖する。また、連鎖の先は企業だけでなく、当然、企業に貸し出しを行っている銀行にも大きなダメージを与えてしまう。

今回の中国株式バブル崩壊は、「財テク」で手元資金の流動性を確保してきた企業の粉飾を表面化させる可能性が高いといえる。日本でもバブル崩壊時、企業の投資失敗による破綻が大きな問題になったが、中国でも同様の事態を迎えるケースが増加すると思われる。そして、これは銀行や保険会社などの貸し手側にも波及するはずである。

今年の1月に、伊藤忠商事の会長だった元中国大使の丹羽宇一郎氏と、テレビ愛知の『激論！　コロシアム』という討論番組でご一緒した。番組のテーマは「中国バブルは崩壊するのかどうか」というものであった。私と青山繁晴氏（独立総合研究所社長）は正論を唱え、必ず中国バブルは崩壊すると主張した。それに対し丹羽氏は、「絶対に崩壊しない」と言い張った。どちらの判断が正しいかは読者の判断に任せるが…。

その2週間後、伊藤忠商事が中国最大の国有企業グループ・中国中信集団の中核企業、中信集団との資本提携を結んだ。

本来、この契約は今年10月までに精査した上で結論付けるとされていたのだが、バブル崩壊後、突如これを繰り上げた。

なぜ半年以上も前倒しで契約がなされたのか。これにはどのような政治的な意味合いが込められているのだろうか。

また、中国に進出する代表的な企業としてイオンがある。中国各地でショッピングモールを展開する小売り流通業の日本代表だが、当然ながら、中国の内需を対象としているので、急激に売り上げが落ちる可能性がある。

事実、9月29日、中堅海運会社の第一中央汽船が1760億円の負債を抱えて、民事再生法の適用を申請した。同社は石炭や鉄鉱石を大型の不定期船で運ぶのが主力だった。ブラジルやオーストラリアなどの資源国から中国などを結んでいたが、ここ数年の資源安で運賃が低下。中国経済の悪化をそのままくらったような倒産である。

このようなリスクをどのようにヘッジしていくのかが、中国で事業展開する日本企業のこれからの業績と生き残りの分水嶺となるのであろう。

## 国策として展開される中国のハニートラップ

過去、元首相を筆頭に、日本の政治家が中国側のハニートラップの術中に嵌ったとメディアに書き立てられることが何度かあった。

だが、ハニートラップは別に政治家だけに仕掛けられるものではない。日本企業の経営者は皆、中国のハニートラップの危機に晒されていると言ってもいいほどだ。大仰でなく、それを国策として行っているのが中国であるからだ。

ハニートラップに嵌った日本の政治家はすぐに報じられるが、日本企業の経営者の場合はなかなか一般には報じられない。中国に進出する日本の製造業の技術者も、ハニートラップのターゲットにされている。

たとえば、日本人の優秀な若手エンジニアが中国人のお嫁さんを貰ったのだが、彼女は中国共産党の公安関係者であった。この手の話が、そこらじゅうにごろごろしているわけである。

ハニートラップが恐ろしいのは、トラップに掛けられても、それをわかっていない日本人がいることだ。逆に、ハニートラップがわかっている日本人は、すでに利用価値のない人間ということになる。

以前、自民党の谷垣禎一氏がハニートラップ事件で週刊誌に報じられたことがあった。これは谷垣氏サイドの思惑で、一度そういう噂が広まった時点で、谷垣氏に対するハニートラップは無効化する、それを狙ったためだ。報じられてしまったら、世間はそういう目でしか見ないので、中国側からは無価値な存在になってしまう。

ハニートラップではないが、同じことがヒラリー・クリントンにもいえる。民主党の大統領候補指名争いトップと目される彼女にかけられたさまざまな疑惑の中でもっとも大きなものが、中国人からの大量献金問題である。

要は、このような情報が何らかの形でリークされた時点で、それはもう使えなくなったものだということだ。

一般的に、安全保障における当局がターゲットの人物を無力化するために使うのは、ハニートラップ情報のリークである。これを理解しながら見ないと、ハニートラップに掛かってない人物ほど危ない、ということが理解できなくなる。

## これから中国の不動産価格暴落が始まる

中国のバブル崩壊であるが、遠からず必ず第5波がやってくる。第3波（サードショック）、第4波（フォースショック）は実体経済の悪化を織り込んだものだったが、これは織り込んだだけであって、将来予測に基づくポジション調整でしかなかったわけである。

それに対して第5波（フィフスショック）は、実際の経済の明確な悪化が数字になって現出してくる。

たとえば、不動産を担保にお金を借りる。そのお金を株式投資して全額が失われた場合、この人たちはお金をどこかで調達しなければならない。その場合、不動産や保有する債券を売ることによって、はじめて借金の返済ができることになる。

マーケットとは、売り手と買い手のパワーバランスで決まるわけだから、皆が保有する不動産を売り始めた時、不動産価格は下落に大きく転じる。

中国の銀行やその金の貸主が担保に取った不動産を持っていても運用できない。なぜなら、2％以下の利回りしか出せない不動産を持ち続けることはあり得ないわけだから…。

金主や銀行も借金の返済等に追われるから、担保に取った不動産を売りに出す。同時に、銀行などのバランスシートが悪化する。当然ながら、銀行はバランスシート改善のために貸し渋り、貸し剝がしを行う必要が出てくる。これはバブル崩壊後の日本でも起きた現象である。

このように考えた場合、中国では膨大な数の不動産の売り物が出てくるのは必至だ。債券も売りが大量に出ることにより、保有する資産価格が大きく下落する。資産価格が大きく下落すると、担保価値も大きく落ちるわけで、他の貸出先への担保としても、担保評価割れが起きる。こうした玉突きを経て、資産が不良債権化するわけである。

バランスシートを悪化させた銀行は自己資本の維持などのために、当然、貸出を減らしていくことになる。お金を借りられなければ、買い手は生まれない。買い手が生まれないことが、不動産のさらなる下落を呼ぶわけである。つまり、不動産価格の暴落はこれから始まる。

これは不動産マーケットだけに限ったわけではない。このような実際的な動きが起きるのが、過去の経験則から、株価暴落後半年から8ヵ月後に、先に述べたような実際的な動きが表面化してくる。

これが第5の波ということになる。

第5の波が襲いかかってくるまでの間に、どれだけポジションの調整ができるかが肝であり、焼け野原での勝敗を分けることになる。

日本のバブル崩壊時、確かに第1波、第2波では、海外の機関投資家等も大きなダメージを受けた。一方、逆張りで儲けたところも多かったようだ。ところが、第3波、第4波、第5波は世界に波及しなかった。

これは日本のマーケットの国際マーケットからの切り離しが進んだからである。当時の日本は金融ビッグバンと称される金融改革、日本のマーケットを国際マーケットの一部にするという作業が行われる直前であった。当時の日本のマーケットは、いまの中国の株式マーケットとよく似た構造になっていた。

当時の日本円はハードカレンシーとはいうものの、グローバル通貨の一部ではなく、日本という鎖国マーケットに閉じこもっていた。いまの中国の上海株式市場もやはり鎖国マーケットである。

前述したように、中国政府としては自由化を進めるか、それとも計画経済に戻り鎖国を進めるか、の二択を迫られている。日本と同様、自由化という選択をすることはできるだろうが、その場合はダメージが大きくなる。

そして、この将来に向けてのダメージ軽減の動きが第3波であって、この第3波は実体経済悪化の織り込みといわれているが、実際には国際的な資金の組み換えが行われたわけであった。

## 中国のバブル崩壊の道連れとなる資源国

中国からのキャピタルフライト（資本逃避）が継続しているのは、外国人投資家が中国に投下した資金を母国に戻し、中国向けの投資を買いから売りに変更しているからである。外国人投資家は、投資国でバブル崩壊が起きた時に「3つの動き」で対処することになる。

ひとつ目がデレバレッジ、いわゆる掛け率縮小である。次がアンワインド、保有ポジションを巻き戻し（解消）することである。3つ目のレパトリエーションとは、利益確定による巻き戻しのことだ。企業などが海外に投資していた資金を本国に戻すことである。外国人投資家は、中国国内の保有資産の価格が大幅に下落する前の段階でできる限り売却を進めて、その資金を自国に戻していく。

これに関しては、マーケットによって時間差が生じる。もっとも早いものが株式である。株式の場合は、売買が成立すれば、3営業日目か4営業日目に決済が行われて、現金になって返ってくる。債券も同様である。

次に長いのが定期預金などの預貯金になり、その次に長いのが不動産である。不動産の場合は、売却の意志を示したとしても、すぐ売れるわけではない。

そしてその次が保険ということになる。保険は死亡時など、特別なアクシデントが生じない限り払われるものではないために、もっともタームの長い資金といわれる。以上のように、資金の足にも長いものから短いものがある。

今回の中国のバブル崩壊の第4波（フォースショック）で起きた現象とは、短期資金の一斉流出といえるだろう。世界的な組み換えが起きたことにより発生したのがこの第4波であり、これは中国に限らない。

なぜ中国に限らないかといえば、この時点で資源マーケットも同時に崩壊したからである。資源マーケットのバブル崩壊は、資源国からのキャピタルフライトも同時に引き起こした。この時点で世界的な資金の組み換えが発生したことになる。

したがって8月下旬に起きた第4波においては、資源国の通貨も下落するという現象が発生した。バブル状況にあった資源国のいくつかは、中国のバブル崩壊の道連れとなったわけである。

## 中国をずたずたに傷めつける第5の波

いま、確実なのは、リスクが高まると円が買われるということである。日本は世界最大の債権国、純債権国であって、世界の金主である。そして円は、基本的に日本人の資金だ。まずはこのポジションを十分理解する必要がある。

巷では、日本政府の借金ばかりが取り沙汰され、日本が非常に経済的に厳しい国家であるかのように喧伝されている。

確かに政府の借金はあるものの、それは同時に国民の資産でもあり、海外への投資に関しては22年連続世界一の純債権国で、世界に対してお金をもっとも貸しているのが日本国であるのを忘れてはならない。

日本が世界一の債権国であるため、世界の金融リスクが高まると、貸し出していた、あるいは投資していた資金が、短期資金を筆頭にどんどん日本に戻る構造になっている。先のアンワインドとレパトリエーションが行われることになるわけだ。

それが8月24日に一時1ドル＝116円まで急激に円高に振れた要因であった。この瞬間、大規模な資金が日本に戻ってきたわけである。

ここで円買いドル売りが行われたので、円高になるのは当然だったのだ。

中国投資の場合、人民元での直接取引より、いったんドルに両替してから、ドルから円に戻すという形での取引、いわゆるクロス取引が行われていることが多い。

確かに人民元マーケットはあるのだが、どこにでも資金を移動できる米国での取引が多いからである。

人民元についても、実際に価格を決めているのは人民元の直接市場ではなく、米国のNDF（ノン・デリバラブル・フォワード）において、ドル建てで行われるデリバティブ取引で価格が決まる仕組みになっている。

ちょっと話が逸れたが、世界が金融リスクに晒されると、今回のように、ドルに替えられて世界中に飛び立っていった資金が大挙日本に還流してくるので、円高が生じるわけである。

そして第4の波が低下した後、中長期的に換金性の低い商品の売却が徐々に進む形になる。

第5の波（フィフスショック）に襲われるまでに、われわれは何をすべきか。

中国のバブル崩壊は株式のみならず、確実に全分野におよぶ。中国経済自体が崩壊し、中国全体が修羅場と化すであろう。第5の波は中国をずたずたに傷めつけるはずだ。各地が騒乱状態になることを、進出する日系企業は視野に入れなくてはならない。

駄目になるものがわかっていれば、駄目にならないようにヘッジ商品を買うという手もあるだろう。ただ第5の波の特徴は、8月後半に起きた第4の波とは違い、中国国内にほぼ限られる形で起きる可能性が高い。資金ポジションの変更とリスクヘッジの拡大により世界市場に波及する確率がどんどん低下していくことになるからである。

ただし、これを見えづらくする動きが米国の利上げの問題である。

9月の利上げは見送られたが、年内に利上げが行われる可能性は濃厚と言わざるを得ない。利上げは、世界の取引ベースになるドルの総量が減る現象をともなうと想定されている。そのため、ドルと円、人民元とドルという歪んだ三角構造の中で、かなり読みづらい展開が予想される。

## 日本が直面する消費税・移民・マイナンバーへの秘策

さて中国問題を除いて、現在の日本が直面する問題について簡単に触れておこう。ひとつは消費税増税、2つ目は人口減少における労働力不足が招いた移民問題、そして今秋から通知されるマイナンバー、この3つが2016年初頭から持ち上がる問題であろう。

消費税の期限は2016年4月ということになる。なぜなら来年の7月には参議院選挙が控えているからだ。そのため安倍政権は今年度中、つまり2016年3月末までに景気を上向かせることを最大の目的と言ってきたからでもある。しかし世界的な資源価格が下落する中、いわゆる物価成長率2％というのは困難な状況に陥っている。しかも前回の消費税増税（5％→8％）から始まった内需の減退もなかなか回復できない。これらが正しい現状判断と言えるだろう。

しかし安倍政権は常々リーマンショックのような不測の事態が起きない限り、2017年4月の増税は確定的であると述べてきた。その場合、中国バブルの崩壊がこれに該当するのだろうか、これがまず1点目のポイントだ。そして軽減税率をめぐって与党内ですらまとまっていない状況が2点目のポイントになる。

なぜ軽減税率がもめる原因になっているかというと、与党公明党が軽減税率の実施を公約で掲げており、そのほか渡辺恒雄氏を中心とする日本新聞協会などが新聞・雑誌・書籍にその適応を求めていることにある。これらが政権に強い圧力になっていることも事実である。また自動車業界も同様に、消費税5％実施の際に撤廃する予定だった自動車重量税がいまだにかかっていることに強い不満がうず巻いている。こうなると是非にでも軽減税率を実施しなければならないのが政権の課題になってしまったのだ。

しかし日本のレジスターで段階税率を実行できるものなんてあるわけがない。段階税率を行える状況にないと断言できる。これが増税時までに解決するかというと大いなる疑問符がつくのである。またどの商品を軽減するのかなど、現実的に各ロビー団体の調整などできるはずがないだろう。これに関しては亡くなられた塩川正十郎元財務大臣が「(特定の商品の軽減税率は) 絶対にやってはいけない」とおっしゃっていたのを思い出す。

財務省としても1回先延ばしされた消費税増税を延ばされるのは、忸怩《じくじ》たる思いであろう。減点方式の役人の世界においては大失態となるからだ。メンツがつぶされることにもなる。政府としてもＩＭＦからの圧力や海外へのアナウンスもあり、やらないわけにはいかないだろう。

これらの折衷案はひとつしかないと私は思う。まず２０１７年４月に消費税は10%に上げる。ただし10万円未満の全品目に対して2%の軽減税率を適応させ、８%の税率をかける。こうすればいまのレジスステムを変更する必要もなく、10万円以上の商品に対しては追加で2%の税金を支払うようにする。これなら事務手続き的にも対応が簡単で済む。

かつて物品税というものが存在したのをご記憶だろうか。貴金属においては３万

7500円というように特定の商品の、決まった価格以上の場合、別途税金を納めるという仕組みであった。これと同様に2％分を別途納税させるのだ。こうすれば生活必需品をはじめ多くの商品は8％のままでいけるのだ。しかも景気を冷え込ませる可能性も下がるわけだ。

まあ、この10万円というラインは状況に応じて、20万円、30万円と引き上げてもいいし、引き下げてもいいのだ。諸般の経済状況を見て決めればいいのだ。

またこの軽減税率に関しては最低2年間の時限立法として、廃止も含めて国会の決議を必要とするという形にするのが望ましいだろう。そうすれば増税議論として野党も巻き込む形になり、彼らにも責任があることになる。与党だけの責任にされることもない。また必然的に消費税という税収としては割のあわないような、無理な増税もなくなる可能性もあると言えるだろう。

移民問題で言えば第一次労働者と呼ばれる単純労働者の必要性が産業界を中心に叫ばれている。実際、コンビニやファミレス、ファストフード店で彼らの労働力なしにはやっていけないのも現実であろう。オリンピックを目前にした建設業をはじめとする人手不足も大変な問題である。ただし彼らを正規の労働者として安直に受け入れるべきかどうかは異論があろう。日本の社会保障にも直結する問題だからだ。というのは日本のインフラ、社会制度は先人たちが培った日本人共有の財産だからである。

「投資移民」という制度が先進国カナダやオーストラリアなどで導入されていることは先述のとおりである。ただし日本がやる必要性があるのだろうか。投資されなくても十分なお金はあるのである。また中国人の大量の移民が地域社会を破壊するのは先述のとおりである。これらは安全保障上も決してお勧めができるものでもない。

たとえば特定の国家が意図的に日本のある地域をめがけて移民を仕掛けてきたら、どうなるだろうか。もし沖縄に100万人の中国人移民が移住し帰化し、それでも「中国に帰属したい」と言ったら、沖縄は合法的に中国領になってしまう。これは国際規範で自らのあり方を自らが決める「民族自決の原則」というもので、ウクライナで使われた手法だ。住民投票という段取りはあったが、ロシアの一部と化しつつある。こういうリスクを誰も言わないが、潜在的にははらんでいるのである。

安価な労働力が目当ての産業界、特に経団連では強い要望があり、政府自民党もこれに関しては一枚岩ではない。

ただし最近、安倍首相が「ニッポン一億総活躍プラン」を提唱し、熟年層や女性の活用を強く言い出している。これはある意味で移民問題に答えを出したものではないだろうか。

私もこれには激しく同意できる。リタイア層の再雇用、女性の働きやすい環境づくりなどのやるべきことをやって万策尽きたら移民の活用を考えればいいのである。

来年の1月から始まるマイナンバーの大きな目的は脱税の防止である。これには順番があって3年前の7月から外国人住民票制度というものが始まっている。これまで市町村が管理していた外国人を国が一括管理、ナンバーで括るというものだ。年金や社会保障のサービスを与える代わりに、ひとつのナンバーのもとで確実に管理していくというものだ。

さらに2014年の確定申告から、海外資産5000万円以上の申告義務も課せられている。これは日本に居住する人（外国人も含む）が5000万円以上の海外資産を保有している場合、確定申告時に申告しなくてはならない。申告がないと罰金（50万円以下）および刑事罰（1年以下の懲役）もあるというものだ。

この流れは実は裏経済を明るみにするものなのである。

指定暴力団の構成員（つまりヤクザ）の約3割が外国人（元公安調査庁の菅沼光弘氏より）と言われる状況下で、彼らが関わる不正な産業、税金を払っていない企業や関係者は多数存在する。

ＯＥＣＤ（経済協力開発機構）の調査によれば、日本の地下経済（非合法、もしくは税金を払っていない）はＧＤＰの15％と推計されている。ここに課税できれば膨大な税収が期待できる。実際にこれら以外にもさまざまな法の網をかけられ（上納金の追徴課税など）、壊滅状態になっているのが九州の工藤会などの反社会的勢力である。マイナンバーは金の出入りを監視する究極のシステムの一端なのである。

# 第6章

# なにもかもが張り子の虎だった中国

## 中国の技術はほとんどが借り物

本年9月3日、「抗日戦勝70年」を記念した軍事パレードが首都北京で開催された。中国側の呼び掛けにもかかわらず、西側先進国からの参加は皆無、主賓はプーチン・ロシア大統領　朴槿恵《パククネ》・韓国大統領、潘基文・国連事務総長、そこに国際指名手配者のスーダンのアル・バシール大統領という非常に寂しい顔ぶれとなった。

これら首脳クラスが出席した国家をもう一度確認してほしい。「戦勝国」と言っている割には、どの国も日本と正式に戦ったわけではない。日本が戦った中国とは、国民党中国であり、共産党中国ではなかったはずだ。

韓国に関しても、日本とともに戦ったはずなのに、いつの間にか戦勝国の仲間入りをしている。そもそも朴大統領の父上である朴正熙《パクチョンヒ》元大統領は帝国陸軍（満州国軍）の中尉であったはずだ。そのあたりを彼女はどう説明できるのだろうか。

ロシア（ソ連）に関しても呆れてものが言えない。終戦直前のどさくさに、日ソ中立条約を一方的に破って日本人を大変な目にあわせているだけだ。これらの国々のどこが「戦勝国」なのだろうか。まさに噴飯もののパレードである。

## 中国が発表した記念式典の各国出席者一覧

**【首脳級】(30人)**

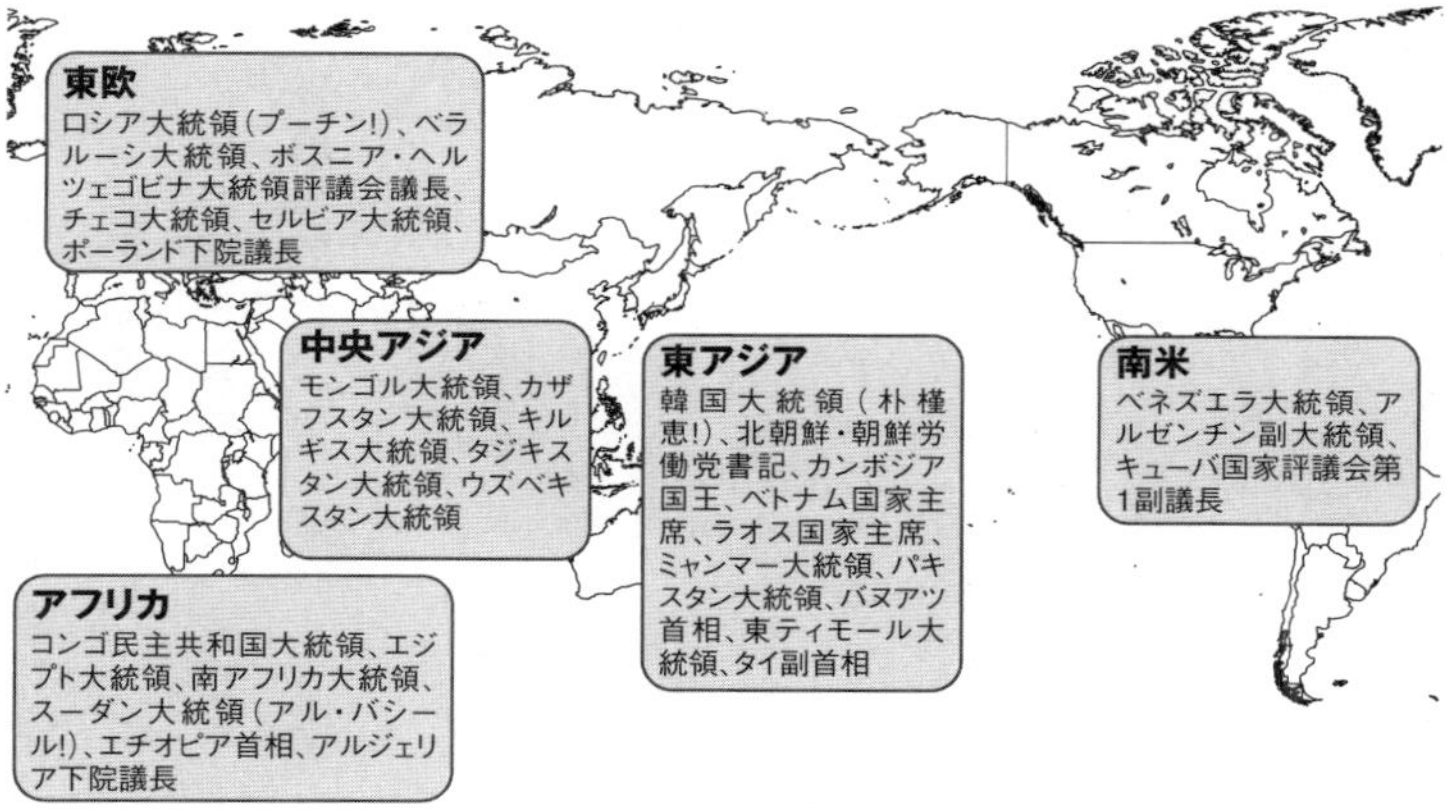
東欧
ロシア大統領(プーチン!)、ベラルーシ大統領、ボスニア・ヘルツェゴビナ大統領評議会議長、チェコ大統領、セルビア大統領、ポーランド下院議長
中央アジア
モンゴル大統領、カザフスタン大統領、キルギス大統領、タジキスタン大統領、ウズベキスタン大統領
東アジア
韓国大統領(朴槿恵!)、北朝鮮・朝鮮労働党書記、カンボジア国王、ベトナム国家主席、ラオス国家主席、ミャンマー大統領、パキスタン大統領、バヌアツ首相、東ティモール大統領、タイ副首相
南米
ベネズエラ大統領、アルゼンチン副大統領、キューバ国家評議会第1副議長
アフリカ
コンゴ民主共和国大統領、エジプト大統領、南アフリカ大統領、スーダン大統領(アル・バシール!)、エチオピア首相、アルジェリア下院議長

**【政府代表】(19カ国)**

オーストラリア退役軍人相、ブラジル国防相、フランス外相、ハンガリー外相、インド外務副大臣、イタリア外相、リビア外相、マレーシア首相特使、オランダ国務相、チュニジア国防相、ニュージーランド元副首相、シンガポール元副首相、イギリス前司法相、カナダ駐中国大使ら大使館員、ドイツ(同)、ルクセンブルク(同)、パプアニューギニア(同)、米国(同)、EU(同)

**【国際・地域組織】(10人)**

国連事務総長(潘基文!)、世界保健機関(WHO)、国連教育科学文化機関(ユネスコ)、国連工業開発機関(UNIDO)、赤十字国際委員会(ICRC)、独立国家共同体(CIS)、上海協力機構、上海協力機構地域対テロ執行委員会、集団安全保障条約機構、アジア相互協力信頼醸成措置会議

また、そのパレードのあり方も非常に近現代的であり、中国が「共産党による独裁国家」でしかないことを体現していた。

さまざまな武器・兵器などがパレードでお披露目されたが、目玉となったのは米国に届く大陸間弾道弾であった。同時に、アラスカ近海に中国海軍の艦船5艘が派遣されていることが明らかにされた。

これは米国に対する明らかな威嚇行為であり、米国の態度を硬化させる原因になることは間違いないところであろう。

さまざまな意味において、今回のパレードは中国の経済に対して多大なマイナスをもたらしたと思う。政治的なリスクマネジメントの意味から、外国企業の撤退を促進し、投資家のキャピタルフライトを激化させるものになる可能性が高いからだ。

このように中国が軍事大国を目指し、米国はじめ西側諸国を威嚇するような行動を取ったことで、いまの貿易規制の撤廃方向から、再び先祖返りして、かつてのココム規制等、軍事関連部品の輸出禁止に西側諸国が踏み切る可能性すら秘めているのではないか。

すでに米国は中国に対し、スーパーコンピューター「天河2」の部品になったキセノンプロセッサーの輸出を禁じることを決めている。

中国の技術はほとんどが借り物であって、基礎的な技術を持ち合わせていない。また、キーパーツをすべて西側先進国から調達するというスタイルも変わっていない。

仮にそれらの供給が止められれば、その瞬間から中国の軍事は立ち往生することになるだろう。

それを理解せず、版図の拡大を目指し、西側諸国に対する威嚇行為をとり続ける中国は愚かとしか言いようがない。

たとえば、戦車ひとつ動かすのにも、エンジンの一部分は日本頼みであり、飛行機のプロペラや特殊鋼板なども日本からの供給が止まった途端、人民解放軍は大きなダメージを食らうはずである。

## ワールド・サプライチェーンから中国が外される

同時に今回の軍事パレードの問題は、中国のインフラ輸出、のちに述べる一帯一路構想における、インフラ輸出にも大きなダメージを与える可能性がある。

中国が輸出しようとしている、たとえば電車・気動車・鉄道網などの基礎的な技術のほとんどは欧米先進国から与えられたものである。そしてそのキーパーツに該当するものはすべて欧米先進国に依存している。自前ではつくれないのが現状で、これが中国の実力を物語っている。

今回の軍事パレードは国内企業の投資にとってもマイナスであり、金融面でもリスクマネジメントの観点でマイナスにしかならない。また、ASEAN諸国の首脳がどこも参加していなかったことで明確になったように、ASEAN諸国は中国のこの軍事パレードを歓迎していなかったと明言できる。

逆説的に言えば、現在東シナ海などで中国との国境紛争を抱えていない国はどこもないのが現状で、中国に国境を接している国は何らかの軍事的トラブルを内在している。その事実を改めてASEAN諸国の欠席が教えてくれた。

またこのような状況であるがゆえに、ワールド・サプライチェーンが中国を外す動きも強化されるものと思われる。

2011年にタイで起こった大洪水で、日産自動車全体が生産に大きなダメージを受けた。

たとえば自動車については、ガソリンタンクはタイでつくり、シートはインドネシアでつくりという具合に、世界的な分業体制が敷かれているのが現状である。一国ですべて完結することは難しく、周辺国を巻き込んだ形でのサプライチェーンを展開しているわけである。

中国とその周辺国が国境紛争を抱え、事実上の軍事衝突の状態に入るということは、サプライチェーンとして機能してきたＡＳＥＡＮ諸国から中国への部品供給が止まることを意味する。

ジャストイン生産システム、これがいまの自動車生産の主流となっている。これは日本ではカンバン方式と呼ばれるものだ。

このカンバン方式を従来は国内や周辺組織で行っていたが、いまでは世界的に行っているわけである。その現状を認識していれば、中国は自国のプライドを満たすよりも、周辺国や西側先進国との関係悪化の懸念のほうを重視していたはずなのである。

大いなる田舎者の成金。これが現在の中国の習近平体制を表現するのにもっともふさわしい言葉ではないだろうか。

## カネの切れ目は縁の切れ目

最近私が中国人や中国関係者と会談を行ったり、テレビ番組などで討論になった場合、彼らが必ず枕詞のように付ける言葉がある。

「中国は大国だから」である。このフレーズを日本人相手にだけに使っている分にはまだよいが、米国や他の国々に対してもやたら使っているのが現状だ。

このフレーズに対して日本人は（「氷の微笑」というか、）嘲笑し、大人の対応をみせているに過ぎないのであるが、彼らにはその認識がないと思われる。彼らが将来的に大きな意趣返しをされるのは間違いのないところだろう。

確かに中国の人口は多く、中国の国土は広い。ただそのことと、経済的発展ができるのかどうか、この先どうなるのかというのはまったく別問題であり、あくまでも中国は自立国家として成立していないという現状すら認識できていないわけである。

生産部分で中国は世界のGDPにおけるかなりの部分を占めるようになったが、実際にはあくまでも中国はノックダウンの集約型産業の最終組み立て地でしかない。

たとえば、中国が日本から100円の部品を輸入する、それが韓国で組み立てられ、5000円のハードディスクに変わる。それが中国に運ばれ、最終組み立てされ、PCに変わる。

ノートPCに変わった時には、中国の売り上げは5万円になるかもしれない。しかし100円の特殊磁石がないだけで、ハードディスクはつくれなくなり、イコール5万円のノートPCも輸出できなくなるわけである。これが基本構造なのだが、中国で理解している人はいったい何人いることやら。

今回の中国の横柄な態度は、周辺国にとって非常に腹立たしいが、商売になるからお付き合いしているという「大人の対応」でしかないわけである。

昔から「カネの切れ目は縁の切れ目」と言われるが、いま、この金の切れ目の時が訪れようとしている。

## 実際には張り子の虎だった中国の外貨準備

先にも述べたが、中国における株式バブル崩壊の裏側で起きているのが大規模なキャピタルフライトだ。

8月11日、中国人民銀行は人民元の切り下げに踏み切ったが、切り下げ後も当局の思惑以上の下落が継続し、当局は通貨維持のために介入を行った。

大規模なキャピタルフライトに対応するために、当局はドル売り人民元買い介入を続けてきた。しかし、介入が困難になるつつある現状も観測されている。

中国当局はキャピタルフライトを防ぐために、人民元のフォワード取引（先物売取引）

に対して20％の保証金をかけ、1年間無金利でそれを凍結、預託することを命じた。要は、ドル先売りの為替予約に対して多大な手数料を取ることによって先物売りを抑制し、同時にドルの温存を図ろうとしているわけである。

これは中国が持つ外貨準備高も「張り子の虎」でしかないということを証明するものだ。中国は謳い文句のごとく、3・6兆ドルの世界一の外貨準備を保有していると喧伝し続けてきた。

ところが、その中身に対して大いなる疑念が国際金融市場で出始めている。中国の持つ額面上の外貨準備3・6兆ドル対して、中国の保有する米国債はなんと1・2兆ドルと、3分の1でしかない。

日本の場合、外貨準備のほとんどを米国債で保有しており、この保有主体は日本政府と日本銀行だけという構造である。しかもそれは借入資金ではなく、完全な自己資金でまかなっている。

これはいままで円高に対する介入等で円売り、ドル買いなどを行った貯蓄・蓄積が累積したものである。このような国債の裏付けは、円建ての短期国債で成立している。つまり、日本国の持つ外貨準備、米国債約1・2兆ドルのほとんどすべてが日本人が保有しており、あくまでも日本政府が全額自由に使える環境にあるわけだ。

それに対して中国の外貨準備は、政府・中央銀行に加え、国有銀行分も含まれているとされており、その質に大きな違いが存在するわけである。

要は、中国政府や中央銀行（人民銀行）が保有する分に対しては、かなりの部分で処分のしやすさがあるのに対し、国有銀行が保有している分を政府が一方的に売却することは難しいということだ。

またその国有銀行保有分の米国債等ドル資産に関しては、何らかのものの担保に入っている、または裏付けとなっているものが多いと推測される。そのためにそのほとんどが手を付けることができない資金であると想像できるからである。

よく言われる外貨準備とは、あくまでも中央政府なり中央銀行が持っている外貨の資産の額であって、外貨の純資産ではない。いくら外貨を持っているかに過ぎず、それが借り入れであっても外貨を保有している以上、外貨準備に含まれているわけだ。

しかし、借り入れであるものを売却することは当然できない。つまり、中国の外貨準備そのものが「張り子の虎」であったともいえる。

一部の情報によれば、ここ1年半足らずで中国から100兆円以上の資金がキャピタルフライト（資金逃避）を起こしているという話も出始めている。そうなった場合、いくら外貨準備高が額面上3・6兆ドルあったとしても、実際にどの程度使えるかがわからず、資金ショートする可能性が高いともいえるわけである。

企業も国家も赤字では倒産しない。

いくら赤字をたくさん持っていても、それが借り換えが可能であり、その資金に不都合がない限り、資金調達ができる限り、手元の資金が枯渇しない限り、破綻しないわけである。

しかし、いくら黒字状態にある企業でも、手元資金がショートし、手形が落とせなくなった途端、倒産に陥るわけだ。

国でいえば、これが通貨危機ということになる。額面上の外貨準備を保有していたとしても、ドル売り、人民元買いによる為替の維持、為替防衛できる資金がショートしてしまえば、いつでも通貨危機は起きてしまうのである。この危機の存在を認識しているからこそ、中国当局は無理な人民元買いドル売りができない状況に陥ってしまっているのだと思われる。

9月に入ると、中国の8月のキャピタルフライトは1417億ドルまで膨張、1999年以来最大となった模様との報道がなされた。

## 外交プロトコルを無視する中国

外交の仕組みにおいては、「外交プロトコル」と言われる国際的な経験則が存在する。これは成文法（文章になった法律）ではないが、この通り動かすという一種の約束事なのである。法則と言い換えても良いのであろう。

まず条約と同等の役割を果たすのがコミュニケ（共同声明・共同談話）と言われるものであり、これに関して両国は合意し、その内容を遵守していくことを国際社会に約束したものになる。

そしてこのようなコミュニケを出せない場合に行われるのが、共同記者会見や共同会見と言われるものである。これは条約ほどの重要な役割は持たないが、2国間で合意したということを国際社会に知らしめる意味を持っている。

それに対して合意に至らなかった場合に行われるのが、個別の記者会見である。この場合には、双方の言い分に大きな違いが生じていたことを示す場合が多い。なぜならともに会見をしない、つまり、それぞれの言い分が違うということを国際社会にアピールするという意味もあるというわけだ。

各国の政府高官としては、「自国としてはこう思う」ということを国際社会にアピールする必要があり、そのアピールを記録として残しておきたい、一種の議事録的なものであると考えればいいのだろう。

また共同声明が出される場合も、それが会見の前に行われたものか、後に行われたものかによっても大きな違いがある。また会見前、会見後、双方により行われる場合もある。会見前に行われる共同声明は、これからこのようなことを話し合いますよ、と事務方レベルですでに合意していたことを国際社会に知らしめるものである。

一方、会見後に発表されるコミュニケとは、○○に対して合意したということを国際社会に知らしめるものになる。

よくある話であるが、共同記者会見が会談前に開かれ、会談終了後に開かれない場合がある。これは物別れに終わったことを意味するものである。これを混同してさまざまなミスリード報道が行われることがある。

1年ほど前だったか、突然中国側が「日本は尖閣諸島をめぐり領有権問題はないと主張しているものの、尖閣諸島に緊張状態があることに同意した共同文書が存在する」と発表したことがあった。

だが、これは共同文書ではなく、単なるメモであって、国際間の合意文書として成り立たないと外務省が見解を示し、事なきを得た。

しかし、このようなミスリードが行われるケースも多々あるわけだ。

基本的に国際関係についての条文や、国際関係についてのリリースがなされる場合、多国間に伝える必要があり、2国間の表現による齟齬、間違いなどを防ぐために、基本的には「正文」というものがつくられる。

正文は英語で作成されるのが一般的で、英語のいわゆる国際表明の正文が存在し、それぞれに対訳があって初めて国際的なコミュニケ、共同声明などは成り立っているのだ。

なぜなら2国間の共同声明であっても、それぞれの国の母国語に直した場合に、齟齬が生じる場合がある。齟齬が生じるということによって、この条約や宣言そのものが無効化される恐れがあるからだ。

将来のリスクを防ぐために必ず正文を残すのが、外交プロトコルのひとつなのである。そんな外交プロトコルを無視して、虚構を拡散する宣伝工作を行うのが中国の常套手段であるのを、日本国民はしっかりと理解しなければならない。

## 日本の「自由と繁栄の弧」戦略に対抗するための「一帯一路」構想

現代版シルクロードの構築を目指す中国の「一帯一路」構想が初めて示されたのは2013年9月、習近平国家主席の外遊中であった。そして、翌14年11月に北京で開催されたAPEC（アジア太平洋経済協力首脳会議）において正式発表されるとともに、一帯一路構想の基金が創設される運びとなった。

この一帯一路構想は2つの軸によって成り立つ。ひとつは陸路でのシルクロードである。

「中国～中央アジア～ロシア～バルト海を囲む欧州」

「中国～中央アジア～ロシア～ペルシャ湾を囲む西アジア」

「中国～東南アジア～南アジア～インド洋」

これら3ルートがメインとなっている。

もうひとつは海路でのシルクロード。

「中国～南シナ海～インド洋・太平洋～欧州」というルートが構想されている。

陸路は「陸のシルクロード」、海路は「海のシルクロード」と名付けられ、この2つのシルクロードが最終的に辿り着くのは欧州、アフリカとなる。

この一帯一路構想における中国の狙いとは何なのか？　これには2つの大きな要因が内在するものと思われる。

ひとつ目は、２００６年11月に当時の麻生太郎外相が提唱した外交戦略「自由と繁栄の弧」に対抗する新機軸であるということだ。

日本は「自由と繁栄の弧」プラスアルファ「平和と繁栄の回廊」（中東に関する外交政策）、この2つを大きく謳い、第一次安倍政権、麻生外相の時代から、続く麻生政権まで継続させてきた経緯がある。

現在大きな問題となっている中東和平は、本来は日本が主導して行ってきたものであったが、日本の政権交代により日本側が機能不全に陥ったことから米国に主導権が移った。「自由と繁栄の弧」の中身であるが、これは自由・平等・法による支配などを普遍的価値観とする国々とともに手を取り合って国際社会の中での役割を果たしていく「価値の外交」の実現を目指す。これに加え、ユーラシア大陸とその外周に成長してきた新興の民主主義国を帯のようにつないで、「自由と繁栄の弧」をつくっていくとするものであった。

具体的には、北欧諸国から、バルト諸国、中央ヨーロッパ、東欧、中央アジア・コーカサス、中東、インド、さらに東南アジア、北東アジアへとつながる壮大な構想といえる。

## 自由と繁栄の弧の形成　拡がる外交の地平

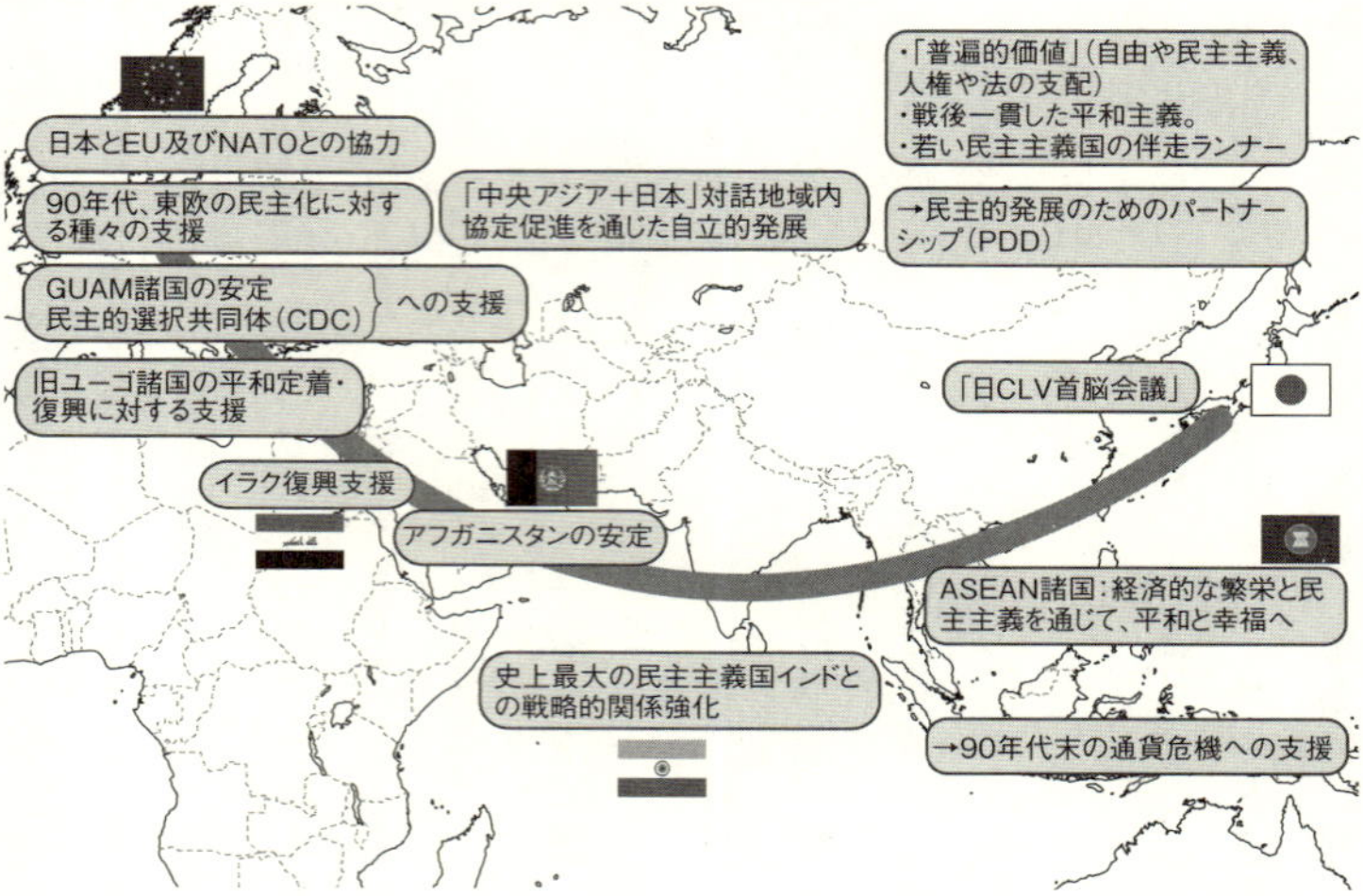


その実現のために日本は、インフラ輸出と経済的な支配力を強めながら、新興国に対してODAなどを通じて資金を供給、同時に外国の需要を国内企業に振り分けて、内需活性化を狙っていた。

「自由と繁栄の弧」の絵図を見ればよくわかるが、これはある意味、中国・韓国の包囲網にも該当する。中国の周辺国を取り込む形で日本が支援することによって、経済のみならず、国家的同盟関係を深めていくわけである。「自由と繁栄の弧」戦略は2009年の民主党への政権交代によって3年間の頓挫を経た後、第二次安倍政権の誕生とともに急展開を見せることになった。

いわゆるアベノミクスの「3本の矢」の3本目の矢の基軸のひとつが、普遍的価値観を基にした価値観外交であり、すなわち価値観外交という名の経済外交であるからだ。

こうした背景から、日本政府はASEANを中心に、アフリカも含め世界の新興国に対して多額のODAの供与を示唆している。同時に日本側は高度なインフラ輸出を進める思惑を持っていた。

これに対して、当然ながら対抗軸となる中国は面白くない。日本がそうした戦略に沿って周辺諸国を味方につけるのは、中国の国際プレゼンスの低下を招くことを意味するからだ。

そこで日本側の「自由と繁栄の弧」に対抗する基軸として生み出されたのが「一帯一路」であった。以上が、「一帯一路」構想が生まれたひとつ目の要因である。

## 「一帯一路」から生まれた鬼っ子AIIB

そして2つ目の要因は、中国の国内事情によるものである。

これまでの中国は「保八」、つまりGDP成長率8%を維持しようとするあまり、内需を無視した明らかな過剰生産を続けてきた。

その代表は鉄鋼の余剰生産であろう。中国の年間の粗鋼生産量は8億トンだが、生産能力は12億トン以上もあり、鉄鋼価格の下落は止まるところを知らず、社会問題にもなっているほどである。

また2000年以降、中国は実際には需要がないにもかかわらず、世界中の資源国から資源・エネルギーの爆買いをしてきた。その結果、鉄鉱石、セメント、銅、ニッケル、亜鉛などで最大のシェアを占めるに至り、それは世界全需要の約4割と言われている。

こうして中国国内に溜まりに溜まった膨大な余剰産品と原材料を新興国に輸出することによって、需給のバランスを整えるのが、中国の喫緊の課題であった。「一帯一路」構想はそうした国内事情を背負って生まれてきたといえるわけだ。

そうすると、AIIB（アジアインフラ投資銀行）が「一帯一路」構想から誕生した〝鬼っ子〟であることがよくわかる。AIIBとは、中国の余剰在庫の処分の押し付け先を探すためのものであり、あくまでも中国経済を救うための銀行なのである。

だからこそ、中国はAIIBの出資比率において断トツの29・7％、議決権においても25・58％と拒否権を行使できる体制を確立したのだ。しかも、理事会を常設しないのは、言うなれば、AIIBは中国の中国による中国のための銀行であることを宣言しているようなものだ。

ただ、現実に沿って考えてみると、AIIBの出資金や融資には人民元決済でなく、ドル決済が行われるわけで、ここでも人民元の国際化の問題が中国にとって重い足枷《かせ》となっている。

また前著にも書いたことだが、米国と日本という世界第1位と第3位の経済大国にソデを振られたことにより、ＡＩＩＢの信用度はことのほか低いという懸念がある。起債においても、高い格付けを到底望めないＡＩＩＢの資金調達が難航するのではないかという話も伝わってくる。

## 人民元の国際化を快く思っていない欧米先進国

現状においては、中国が海外に投資する場合、人民元を直接投下することはできない。人民元をドルに換え、ドルを使用して海外での投資活動を行うしかないわけである。

これが人民元の直接投資ができるということになれば、ドルに換える両替の手間が省け、人民元の国際化も同時に進むという表裏一体の構造になっている。

一方、ドル基軸体制による国際構造を構築し、金融支配を続けてきた米国と米国に依存する西側先進国は、人民元の国際化への動きを快く思っていない。

しかし、今回の中国のバブル崩壊は中国の野望であり、悲願を大きく挫く可能性を秘めている。

人民元を刷って海外に投資する過程において、中国は依然としてドルに両替する、つまり人民元を売ってドルを買う、という手続きを踏まなくてはならない。現状通貨防衛さえままならない中国にとって、これがいつまで継続できるかはわからない、と言っていいだろう。

自国の外貨準備高が豊かであり、準備高の運用という建前があったからこそ、一帯一路構想は成立したし、周辺国を中心とした相手国も話に乗ってきた。ところが、実は中国の財布の中が空であったことを知った相手国が態度を急変させる可能性が高くなったわけである。

なぜ新興国が新興国であり続けるのか、発展できないのか。それは各新興国のインフラが未成熟であり、未発達であり、経済効率が悪いからである。これが新興国が脱皮できないもっとも大きな理由である。

たとえばモノをつくるのにあたっても、物流網が確立されていなければ、いくら低賃金で労働者を雇えたとしても輸出が困難になる。これは中国も同様である。中国の発展が、沿岸部でしか成立していないのは、輸送網に大きな欠陥を抱えているからなのである。

新興国がインフラをなぜ整備できないかといえば、それぞれの国に資金がなく、インフラを整備する土壌がないからに過ぎない。カネがなければいくら良い家を建てたくても建てられないのと同じで、銀行などがローンを組んでくれて初めて家が建てられるわけだ。

インフラも同様で、国際社会からの資金援助なしには、新興国のインフラ開発は成立しない。このインフラ開発のための資金提供とインフラの提供は表裏一体であって、お金を貸すかわりにわが国のインフラを導入しろというのは当然の思考である。

## 中国の技術レベルでは国際インフラの最低基準を満たせない

現在、国際的なルールの下で行われるODA等に関しては、無償供与や無利子部分に関しては別としても、通常の有利子融資に関しては国際競争入札でどこを採用するかを決めるルールになっている。これを厳格に守ってきたのが日本であった。

現在、G20やOECDなどでは、インフラの国際規格化、標準化を進めており、ここで日本が積極的な役割を果たそうとしているのをご存知だろうか。

このインフラの国際規格化、標準化は、WTO（世界貿易機関）協定が推進しているものので、ISO（国際標準化機構）で標準規格を定めて、その基準をクリアしたものだけを国際的なインフラとして世界に普及させていく。

対象は水、電気、水道、道路、高速道路などだ。これらを国際規格化し、一律の最低基準を決めることで、これを満たせない企業を排除するという動きでもある。

これが本格的に実施されると当然ながら、日本はじめ高い技術水準を持つ先進国の企業にとっては俄然有利になり、技術水準を満たせない中国など新興国企業には不利になる。

いま、インフラの国際規格化を巡り、先進各国で熾烈な競争が行われている。

たとえば、水道サービスにおいては、日本とフランスが鎬《しのぎ》を削っている。日本側は、そのまま水道水を飲んでも問題がないレベルを国際規格（グローバルスタンダード）に定めようと動いている。対するフランス側は、生活用水として使用でき、煮沸すれば飲用も可能であるというレベルを主張している。要は、フランスの基準のほうが甘い。

このように国際的なインフラ基準をどこに置くかに関して、先進各国のつばぜり合いがなされている。

ただ日仏のどちらが水道インフラのグローバルスタンダードになるにせよ、中国の現状のインフラ整備能力では基準を満たすことはできない。

国際的なインフラ基準が正式に効力を発揮しだせば、中国が国際競争入札から追い出されてしまうのは明白である。資金提供してインフラ構築の後押しをしない限り、中国は海外のインフラプロジェクトを受注できなくなる恐れが高まってきていた。
だからこそ中国は、専決権と拒否権を行使できるＡＩＩＢの創設が必要だったといえよう。

## 国際社会から反発を受ける中国のインフラ投資のあり方

また、中国のインフラ投資のあり方に対して、近年国際社会から強い批判が集まり始めている。中国型のインフラ投資とは、日本がＯＤＡなどで行うインフラ投資とは大きく異なるものであるからだ。

資金は当然のこと、基本的に現地企業に仕事と雇用を提供し、技術供与を行うのが日本型のインフラ投資である。

ところが、中国型のインフラ投資は、日本型とは天と地ほどの差がある。

中国からヒト・モノ・カネのすべてを持って、新興国に入って来る。現地の人たちはほとんど使わない。現地に技術を供与することなく、単なる日雇い労働者的に使うだけのインフラ投資であることから、現地から強い反発を受け、多くのトラブルを引き起こしてきた。

言い換えれば、このような投資形態をとらない限り、中国国内の余剰物品を売りさばく先がなく、中国の余剰人員を受け入れさせる先もないというのが中国の現状なのである。インフラの国際標準化にともない、このような中国型のインフラ投資を完全否定する動きが起きているのは当然であろう。

さらに中国のインフラ投資は別の意味で、大きな問題をはらみ始めている。

人民解放軍の民兵や兵士などを現地に送り込み、相手国の政府幹部を賄賂で籠絡し、中国製の武器を相手国に買わせる。中国はそんなバーター方式でのインフラ投資を当たり前のように行ってきた。また、インフラ投資と言いながら、実際は資源の略取でしかないようなケースも多々存在するわけである。北京での戦勝70周年記念パレードに大統領が出席したスーダンなどはその典型に挙げられよう。また一度はホゴにされたインドネシア高速鉄道の落札もそんな裏がありそうだ。

それと同時に起きている問題が、中国人がインフラ投資地域に入って行くことによる住民との軋轢《あつれき》、衝突だ。

現地の人たちを雇用せず、中国からワーカーを大挙引き連れてきて、そこにコミュニティをつくってしまう。そのコミュニティは地元社会とは隔絶した形で、一種の支配階層としてその地域を支配しようとするわけだ。西側先進国においてはそれほど目立たないものの、アフリカなどの新興国においては、そうとう強引な運営が行われている。

## ASEAN諸国で経済支配を続ける華僑グループ

実際問題、ＡＳＥＡＮ諸国の現状は、かつて行われた中国による植民的経済支配が再現されているような具合なのである。

われわれ日本人は、日本が島国であるため、移民や難民、また移住者を理解しづらい環境にある。大陸においては、国境とは単なる線でしかない。歴史をひも解いてみれば、かつて一定のタイミングで人々の大移動が行われてきた歴史が存在する。この移民を抑制する力は皆無に等しい。

またアジアの一種の経済体も同様の部分を含んでいる。タイ、シンガポール、インドネシア、フィリピンなどの華僑グループはその典型だ。

アジアには客家《はっか》を中心とする古い華僑の人たちが経済支配をいまだに続けている国が多く存在している。当然、こうした現状に対してそれぞれの国民は決して良い思いを持っていないのも、またひとつの事実なのである。インドネシアにおいては十数年ごとに有力華僑一族が全滅するような焼き討ちに遭っている事実は、それを雄弁に物語っている。

先にも触れたが、華僑や中国人移民の振る舞い、メンタリティがあまりにも地元の住民とかけ離れているのが原因となって、カナダやオーストラリアでは中国人の排斥運動が起きているし、アフリカ諸国においても中国人を排除しようとする地元の力は強くなるばかりである。

## 日本人には理解しづらい欧州・中東・アフリカの関係性

周知のとおり、欧州において移民問題は各国首脳の前に立ちはだかる最大のテーマとなっている。そしてこの問題は、いまのところアジアは枠の外として捉えられている。

欧州人にとって、中東人やアフリカ人は隣国の民であるのは間違いないところなのだ。多くの日本人は、白人と黒人、アフリカと欧州、あるいは中東とアフリカには大きな乖離があり、文化的にも民族的にも分断されていると思いがちだが、それは大きな誤解である。

世界地図を見ればわかるが、それを隔てている地中海の大きさとは、日本列島が入る程度の大きさしかない。日本の北海道から沖縄までの距離がすっぽり収まるのがほぼ地中海の直径であって、非常に近い距離にあるのだ。

そのような地政学的環境において、紀元前から民族・市民の大移動が行われてきたのが欧州の歴史であった。

その点アジアは欧州から見ればとてつもなく離れた、あくまでも極東の世界でしかない。前述のとおり、イギリスへの移民は点数制により決められている。この点数とは、イギリス人以外の移民希望者をシェンゲン圏、非シェンゲン圏、中東、アフリカ、アジアと分類、アジアはもっとも基礎点数が低いという制度になっている。

欧州の庭と呼ばれるアフリカから大量に進出して来る移民を、欧州人は決して快く思っていないのは当然の話である。日本人には理解しづらいかもしれないが、言語は最大の文化障壁であり、ひとつの文化を成り立たせる基準になりうるものなのだ。

アフリカ諸国は、国際社会の大きな変遷の中で翻弄され、無理やり定規で線引きされたような国境を持つ国が多い。そして、それぞれが宗主国を持っていた。公用語が英語圏、フランス語圏などと国により分かれており、それぞれの公用語の母体が宗主国ということになるのだろう。

当然そのような宗主国、たとえば大英帝国であれば、大英連邦諸国の民に関しては非常に寛大で、懐柔的な政策を採っており、それ以外の人たちには厳しい政策を採る。これはある意味、当然の話なのである。

そこに従来よりまったく関係のなかった中国が進出してきた場合に、どのような衝突が起こるのだろうか。そこにおける利害関係がＷＩＮ-ＷＩＮである時には問題にはならないが、先ほどから何度も繰り返すように、「金の切れ目は縁の切れ目」になるのである。

## 欧州で中国人・韓国人より優遇される日本人

また、現在起きている欧州が抱える移民問題は、ＥＵ（欧州連合）そのものを崩壊させる危機を大いにはらんでいると思われる。

皆いくらきれいごとを並べても、それぞれの国にはもともと住んでいる人々がいて、彼らが蓄えたお金、払った税金が社会保障の原資になっていることは間違いのない事実である。

そこに突然縁もゆかりもない人たちが入ってきて、「俺たちに分け前をよこせ」と言ってきたら、どのような感情を抱くだろうか。

たしかに建前上は人道的処置などという言葉を使い、きれいごとを並べても、それぞれ、「難民を押し付けられたくない」というのが紛うことなき欧州の本音なのである。

したがって、欧州における難民に対する対応はまったくまとまりのないものになっているのは、自明の理といえよう。知ってのとおり、難民のほとんどは欧州でもっとも豊かな国ドイツに行きたがっている。本心ではこれを受け入れたくないドイツがどのような対応を見せるかが、今後の難民問題の肝になるはずである。

そうした状況下において、地域的関係がまったくないアジアの人たちがアフリカや中東の人たちよりも下の地位に置かれるのは間違いないところだ。中国人は当然、最初に排斥の対象になりうる存在だろう。

日本と中国・韓国の間には大きな文化的な違いや、欧州地域との関係性の違いが存在する。これは欧州の空港に降りた経験のある日本人であれば、誰でも理解できることである。日本はシェンゲン協定加盟国との間で条約を結び、ノービザで自由に滞在できる体制になっている。しかし中国や韓国はノービザ体制がまだ敷けておらず、出入国のたびに非常に厳しい検査を受けなければならない。これが現実なのである。

その裏には、中国、韓国からの不法移民にシェンゲン協定加盟国が手を焼いていること、さらには不正な密輸出入を行っている事実も確認されており、手荷物検査が厳しいのもこれを前提としたものであるからだ。シェンゲン協定加盟国は次ページの地図のとおりである。

## シェンゲン協定加盟国一覧

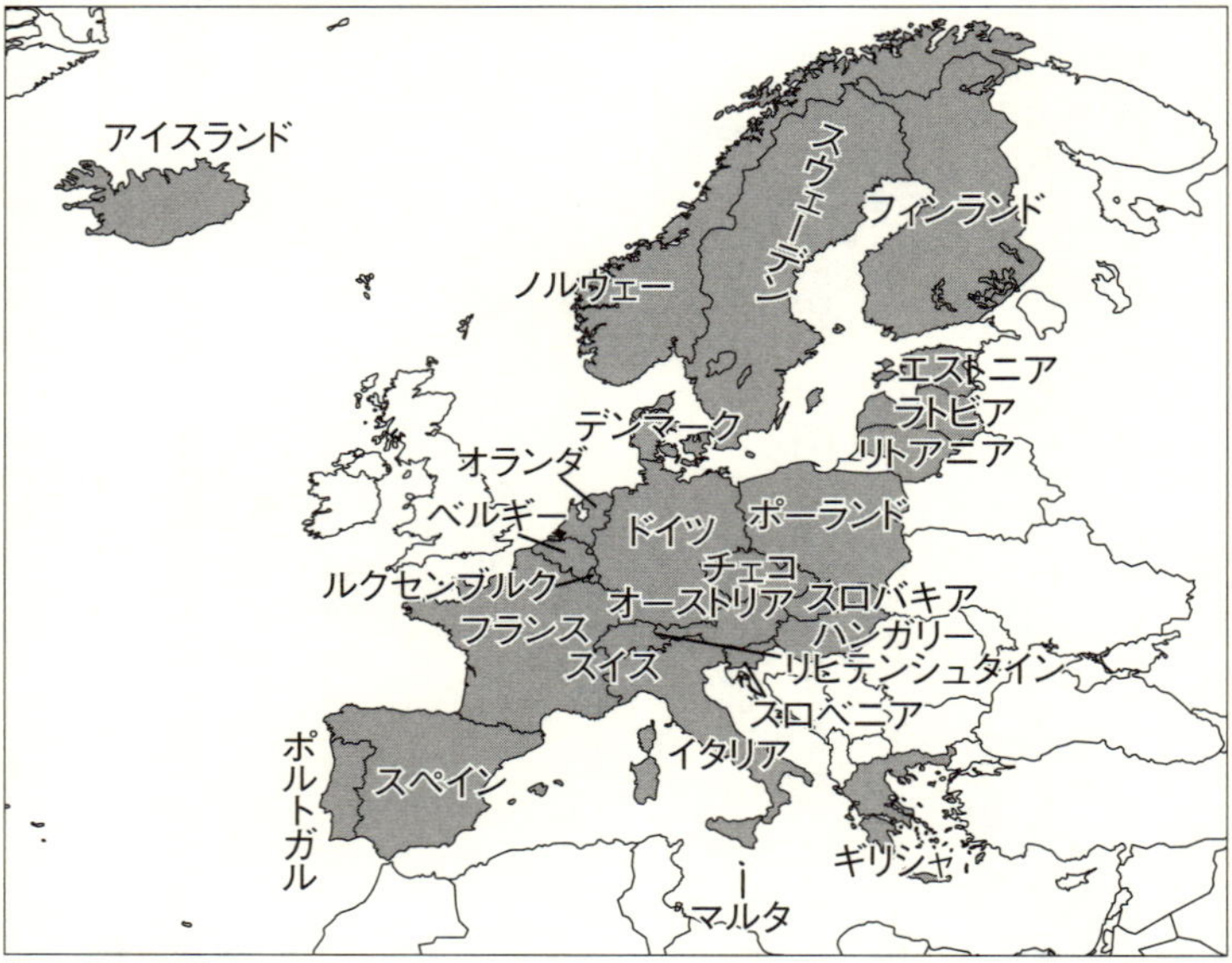


(2015年3月現在)

移民の協定にはこのほかにダブリン協定というものもある。このダブリン協定というものは、最初に移民がたどり着いた国で移民審査を行い、それが終了するまではほかの国に移動させないというもの。

本来であれば今回、ハンガリー、ポーランド、ギリシャ、マケドニアなどの移民受け入れの外郭にあたる国々が審査を行い、待機をさせることになるのだが、これが行われていない。

実はドイツのメルケル首相が移民に対して宥和的な発言をしたことが原因となって、このダブリン協定が有名無実化してしまったのである。

これが事態を複雑にさせている。簡単に言えば、ＥＵの外郭にあたる弱小国を移民たちが攻め込んでいるような図式になってしまったのだ。

当然、ギリシャにしてもハンガリーにしても、何十万人という移民が押し寄せる状況に対応する能力があるわけがない。この間隙をぬって移民たちは移動移動を繰り返しているのである。

いわゆる難民業者、移民業者などの運び屋が情報を共有しながら動かしているとも言われている。

第7章

# 安倍首相の戦後70年談話に中国に対する答えがある

## 外務省抜きで進められた今回の談話作成

第二次世界大戦が終わって70年が経過した。

10年毎の節目に内閣総理大臣の談話が発表されてきたが、今年8月に安倍晋三総理がどのような談話を出すのか、1年以上前からメディアおよび国際社会の注目を浴びてきた。

今回の内閣総理大臣談話は単なる総理の見解ではなく、閣議決定をなされた後に発表された談話である。これは会見の中でも述べられたように、「21世紀構想懇談会」の報告書をもとになされたもので、発表の仕組みや、発表までのプロセスには従来の談話とは大きな違いがあった。

まず、これまでの談話との違いの1点目は、民間の諮問機関による諮詢《しじゅん》を経たうえで、官邸主導で作成されたものであるということだ。従来の総理談話は、外務省が総理大臣の意志を聞いて外務省が作成したものを、総理大臣が読み上げるものであった。

だが、今回は外務省〝抜き〟でこの談話作成を進めた。その意味では完全な政治主導、官邸主導であったといえるだろう。

また今回の談話に関しては、過去の村山談話との整合性がメディアの大きな注目点にな

8月14日、戦後70年談話発表の記者会見に臨む安倍首相。
（写真=共同通信社/amanaimages）

ったが、村山談話を当面は踏襲するという建前を用いながら、正常な路線にうまく切り替えたという印象が強い。「歴史修正主義」の批判を受けないぎりぎりの線で事実関係を列記したものであったともいえよう。

違いの2点目は、これが閣議決定であるということだ。

単なる総理大臣の談話と閣議決定された文章では大きな違いがある。総理大臣談話は総理の意見になるわけだが、これが閣議決定を経た場合、日本政府の公式な意見なり見解となる。

つまり、これをメディアが恣意的に間違った解釈などをつけた場合に対して、日本政府としては、「それは違う」と否定することになる。連日行われる官房長官の会見の席で、間違った解釈がなされた場合、その違いを国際社会に表明することもあり得るわけである。内閣官房長官は日本政府の公式なスポークスマン、いわゆる広報官の役割も果たしている。官房長官の発言とは、日本政府の正式な見解であり、間違いを否定する場でもあるわけだ。そこで否定された場合、そのメディアの存在価値は大きく低下することは疑いのないところであろう。

昨年8月5日、朝日新聞による誤報問題が大きな社会問題になったが、これと同じことが起こりうる危険にメディアは晒されていたことになる。

## 有効だった官邸側の先制パンチ

同時に総理大臣会見をする前に、この談話全文が各メディアに配布されたということを付け加えておかなければならない。

要するにメディア側としては、どのような会見をするのか中身を知っていたわけで、同時にこれと異なる解釈をすることの恐ろしさも良く理解していたのである。だからこそ、生中継とそれにともない行われたテレビ各社の報道がお葬式ムードになってしまったわけである。官邸側の先制パンチはことのほか有効だったのだ。

まずは談話に入る前に冒頭発言から見ていこう。

「8月は、私たち日本人にしばし立ち止まることを求めます。いまは遠い過去なのだとしても、過ぎ去った歴史に思いを致すことを求めます。政治は歴史から未来への知恵を学ばなければなりません。戦後70年という大きな節目に当たって、先の大戦への道のり、戦後の歩み。20世紀という時代を振り返り、その教訓の中から未来に向けて、世界の中で日本がどういう道を進むべきか。深く思索し、構想すべきである。私はそう考えました。」

最初の「8月は、」から「私はそう考えました。」までは、過去は認識するが、未来に向けて語る談話でなくてはならない。後ろ向きの談話であってはならないということを明示している。

「歴史に〝もし〟はない」という言葉があるが、過去は過去であってこれを変えることはできないが、未来は人の力によって変えることができる、という前向きなものであることを表現したものである。

「同時に、政治は歴史に謙虚でなければなりません。政治的、外交的な意図によって歴史がゆがめられるようなことは決してあってはならない。このことも私の強い信念であります。」

また、「同時に」という言葉は、「歴史修正主義」と言われる批判に対する否定だ。今回の談話が歴史修正主義と言われることを先に封じ込んでいるわけである。

「ですから、談話の作成に当たっては、21世紀構想懇談会を開いて、有識者の皆様に率直かつ徹底的な御議論をいただきました。それぞれの視座や考え方は当然ながら異なります。しかし、そうした有識者の皆さんが熱のこもった議論を積み重ねた結果、一定の認識を共有できた。私はこの提言を歴史の声として受けとめたいと思います。」

## 敗戦国は次の戦争が起きるまで苦渋の辛酸を舐めなくてはいけない

ここにおいて対外的エビデンスを取っている。これは私見ではなく、公の学者の見解を含んでいるという公的なものにしているわけだ。

「そして、この提言の上に立って、歴史から教訓を酌み取り、今後の目指すべき道を展望したいと思います。」

ここもやはり未来志向に重点を置いている。それでは、ここから談話の中身を考察していこう。

「終戦70年を迎えるにあたり、先の大戦への道のり、戦後の歩み、20世紀という時代を、私たちは、心静かに振り返り、その歴史の教訓の中から、未来への知恵を学ばなければならないと考えます。

100年以上前の世界には、西洋諸国を中心とした国々の広大な植民地が、広がっていました。圧倒的な技術優位を背景に、植民地支配の波は、19世紀、アジアにも押し寄せました。その危機感が、日本にとって、近代化の原動力となったことは、間違いありません。アジアで最初に立憲政治を打ち立て、独立を守り抜きました。日露戦争は、植民地支配のもとにあった、多くのアジアやアフリカの人々を勇気づけました。」

この文章は完全な植民地支配の否定だと思う。読めばわかるが、ここでの主語は日本ではないし、日本が悪いとは一言も語っていない。敢えて西欧諸国という言葉を使って、「あなた方もやったでしょう」ということを暗示している。

「世界を巻き込んだ第一次世界大戦を経て、民族自決の動きが広がり、それまでの植民地化にブレーキがかかりました。この戦争は、1000万人もの戦死者を出す、悲惨な戦争でありました。人々は『平和』を強く願い、国際連盟を創設し、不戦条約を生み出しました。戦争自体を違法化する、新たな国際社会の潮流が生まれました。」

ここでは日本もあなた方と同じ同盟国で、戦勝国であったことを宣言している。

「当初は、日本も足並みを揃えました。しかし、世界恐慌が発生し、欧米諸国が、植民地経済を巻き込んだ、経済のブロック化を進めると、日本経済は大きな打撃を受けました。その中で日本は、孤立感を深め、外交的、経済的な行き詰まりを、力の行使によって解決しようと試みました。国内の政治システムは、その歯止めたりえなかった。こうして、日本は、世界の大勢を見失っていきました。」

これはＡＢＣＤ包囲網により日本は欧米列強と敵対する関係になったことを示し、それを力の行使で突破しようと試みたことは間違いであったと述べている。

「満州事変、そして国際連盟からの脱退。日本は、次第に、国際社会が壮絶な犠牲の上に築こうとした『新しい国際秩序』への『挑戦者』となっていった。進むべき針路を誤り、戦争への道を進んで行きました。」

ここは戦争に至るプロセス、欧米列強に対して喧嘩を売る側の立場になってしまい、戦争の道を歩んでしまった、と反省している。

「そして70年前。日本は、敗戦しました。」

これは事実だが、日本の敗戦は間違っていた、とも示していると思う。戦争に負けることが悪いのだと、よく言われる。戦争に負けた場合、その後、次の戦争が起きるまで、その国は敗戦国として苦渋の辛酸を舐めなくてはいけない。その意味では、敗戦によって日本国民を含む周辺諸国にも迷惑をかけたと言えるわけである。

## 国際的なパワーゲームにわが国も参加したことに対する謝罪

「戦後70年にあたり、国内外に斃《たお》れたすべての人々の命の前に、深く頭を垂れ、痛惜の念を表すとともに、永劫の、哀悼の誠を捧げます。」

この文章は非常に面白い。国内外ということは、日本人も含まれるからだ。日本が戦争に負けてしまって申し訳ないと国民へ謝罪するのと同時に、戦争によって亡くなられたすべての人たちに対して謝罪している。

「先の大戦では、300万余の同胞の命が失われました。祖国の行く末を案じ、家族の幸せを願いながら、戦陣に散った方々。」

第二次世界大戦で多くの「同胞」日本人が死んだ。この「同胞」の中には、中国・韓国・台湾・満州など当時日本であったところが含まれていることを示していると思う。

「終戦後、酷寒の、あるいは灼熱の、遠い異郷の地にあって、飢えや病に苦しみ、亡くなられた方々。広島や長崎での原爆投下、東京をはじめ各都市での爆撃、沖縄における地上戦などによって、たくさんの市井の人々が、無残にも犠牲となりました。」

この「酷寒の」はシベリアに不法に抑留された人たちを意味する。「灼熱の」は、南方戦線で亡くなられた人たちのことだ。

「広島や長崎の原爆投下、東京をはじめ各都市での爆撃」当時の戦争法に照らしても、日本だけが悪いのではないとする、米国に対する批判が入っている。だから、「たくさんの市井の人々が犠牲になった」と続けているのであるが、ここは単なる事実関係を述べているにすぎない。

「戦火を交えた国々でも、将来ある若者たちの命が、数知れず失われました。中国、東南アジア、太平洋の島々など、戦場となった地域では、戦闘のみならず、食糧難などにより、多くの無辜の民が苦しみ、犠牲となりました。戦場の陰には、深く名誉と尊厳を傷つけられた女性たちがいたことも、忘れてはなりません。」

これは当然の話であって、別にどこかの特定の国に謝罪するものではない。「忘れてはならない」これも事実関係にすぎない。だから、次のところに「我が国が与えた事実」と書いている。

「何の罪もない人々に、計り知れない損害と苦痛を、我が国が与えた事実。歴史とは実に取り返しのつかない、苛烈なものです。一人ひとりに、それぞれの人生があり、夢があり、愛する家族があった。この当然の事実をかみしめる時、いまなお、言葉を失い、ただただ、断腸の念を禁じ得ません。」

これは特定の国に対する謝罪ではない。国際的なパワーゲームの中にわが国も参加し、なにも罪がない人たちに損害と苦痛をもたらしたことに対する謝罪である。

## 中国、韓国に対して込められた批判

「これほどまでの尊い犠牲の上に、現在の平和がある。これが、戦後日本の原点であります。」

ここまでのセンテンスにおいては、事実関係と共に、一般的な戦争の定義を行い、同時にそれの否定を行ったのだと思う。

「2度と戦争の惨禍を繰り返してはならない。」

これは戦争絶対否定であり、当然の文章。したがって、これを文章として一行別立てで出してある。

「事変、侵略、戦争。いかなる武力の威嚇や行使も、国際紛争を解決する手段としては、もう2度と用いてはならない。植民地支配から永遠に訣別し、すべての民族の自決の権利が尊重される世界にしなければならない。」

これらを日本はかつて行ったかもしれないが、もう2度と繰り返さない。と同時に、中国批判にあてている。いままでアジア安全保障会議で同じ文章を用いて、中国を批判しているからである。「武力による国境変更は許さない」というわが国の建前を用いながら、暗にそれを行っている中国を批判しているのだ。

「先の大戦への深い悔悟の念と共に、我が国は、そう誓いました。自由で民主的な国を創り上げ、法の支配を重んじ、ひたすら不戦の誓いを堅持してまいりました。70年間におよぶ平和国家としての歩みに、私たちは、静かな誇りを抱きながら、この不動の方針を、これからも貫いてまいります。」

「法の支配を重んじ」という文章は、安倍政権が展開している価値観外交にも共通するものだ。中国は人治主義で、法律が支配しない国と言われており、これもある意味中国に対する非常に強い批判的な文章になるのではないか。

これは同時に、すでに決着の付いている戦後賠償問題や従軍慰安婦問題を蒸し返す韓国に対しての批判とも考えられる。

## 蔣介石の言葉「以徳報怨」を用いた日本側の思惑

「我が国は、先の大戦における行いについて、繰り返し、痛切な反省と心からのお詫びの気持ちを表明してきました。」

「日本は謝ってない」と馬鹿げた主張をしている人たちに対して、「日本はこれまで何度も謝罪してきたではないか」と否定しているわけである。

「その思いを実際の行動で示すため、インドネシア、フィリピンはじめ東南アジアの国々、台湾、韓国、中国など、隣人であるアジアの人々が歩んできた苦難の歴史を胸に刻み、戦後一貫して、その平和と繁栄のために力を尽くしてきました。」

これは一言でいえば、「お金を出したよ」という意味である。要は、日本は十分な賠償行為を行ってきた現実に対する確認作業だ。

「こうした歴代内閣の立場は、今後も、揺るぎないものであります。」

これは先ほど述べた（歴史）修正主義に対する再度の否定となる。

「ただ、私たちがいかなる努力を尽くそうとも、家族を失った方々の悲しみ、戦禍によって塗炭の苦しみを味わった人々の辛い記憶は、これからも、決して癒えることはないでしょう。

ですから、私たちは、心に留めなければなりません。」

戦争そのものが悪いということを、改めて繰り返している。

「戦後、600万人を超える引揚者が、アジア太平洋の各地から無事帰還でき、日本再建の原動力となった事実を。中国に置き去りにされた3000人近い日本人の子供たちが、無事成長し、再び祖国の土を踏むことができた事実を。米国や英国、オランダ、豪州などの元捕虜の皆さんが、長年にわたり、日本を訪れ、互いの戦死者のために慰霊を続けてくれている事実を。

戦争の苦痛を嘗め尽くした中国人の皆さんや、日本軍によって耐え難い苦痛を受けた元捕虜の皆さんが、それほど寛容であるためには、どれほどの心の葛藤があり、いかほどの努力が必要であったか。」

「そのことに、私たちは、思いを致さなければなりません。」

ここで想起するのは「以徳報怨」という有名な蔣介石の言葉で、徳を以て怨みに報いるという意味を持つ。だが、この場合の中国は、国民党の下の中国（のちの台湾）であって、中国共産党政権を意味しないのだが、それでも「中国よありがとう」と感謝している。

## 中国の侵略主義を揶揄するくだり

「寛容の心によって、日本は、戦後、国際社会に復帰することができました。戦後70年のこの機にあたり、我が国は、和解のために力を尽くしてくださったすべての国々、すべての方々に、心からの感謝の気持ちを表したいと思います。」

これはサンフランシスコ講和条約に参加した国に対しての感謝の表明であって、中国共産党および台湾、満州、および朝鮮半島は含んでいない。
北京で行われた戦後70年のパレードの時に、戦勝国がいないパレードであったと私は言及したが、この文章にもそれを暗示するものが含まれていると思われる。

「日本では、戦後生まれの世代が、いまや、人口の8割を超えています。あの戦争には何ら関わりのない、私たちの子や孫、そしてその先の世代の子供たちに、謝罪を続ける宿命を背負わせてはなりません。しかし、それでもなお、私たち日本人は、世代を超えて、過去の歴史に真正面から向き合わなければなりません。謙虚な気持ちで、過去を受け継ぎ、未来へと引き渡す責任があります。」

こうした未来志向は当然のことである。

「私たちの親、そのまた親の世代が、戦後の焼け野原、貧しさのどん底の中で、命をつなぐことができた。そして、現在の私たちの世代、さらに次の世代へと、未来をつないでいくことができる。それは、先人たちのたゆまぬ努力と共に、敵として熾烈に戦った米国、豪州、欧州諸国をはじめ、本当にたくさんの国々から、恩讐を越えて、善意と支援の手が差しのべられたおかげであります。」

「恩讐を越えて」とは、先の蔣介石の言葉そのものである。続いて、米国、豪州、欧州諸国をはじめ、本当にたくさんの国々とある中で、敢えて意図的に中国が含まれていないのが興味深い。

「そのことを、私たちは、未来へと語り継いでいかなければならない。歴史の教訓を深く胸に刻み、より良い未来を切り拓いていく、アジア、そして世界の平和と繁栄に力を尽くす。その大きな責任があります。」

ここにおいては、中国の侵略主義、武力による国境変更の否定を繰り返していると受け取れる。

## 世界中の軍隊に存在した従軍慰安婦

「私たちは、自らの行き詰まりを力によって打開しようとした過去を、この胸に刻み続けます。だからこそ、我が国は、いかなる紛争も、法の支配を尊重し、力の行使ではなく、平和的・外交的に解決すべきである。この原則を、これからも堅く守り、世界の国々にも働きかけてまいります。」

「唯一の戦争被爆国として、核兵器の不拡散と究極の廃絶を目指し、国際社会でその責任を果たしてまいります。」

「核の不拡散」をここに組み込んだことによって、日本の軍国主義化に対する批判を避けようとしたのではないか。

「私たちは、20世紀において、戦時下、多くの女性たちの尊厳や名誉が深く傷つけられた過去を、この胸に刻み続けます。だからこそ、我が国は、そうした女性たちの心に、常に寄り添う国でありたい。21世紀こそ、女性の人権が傷つけられることのない世紀とするため、世界をリードしてまいります。」

従軍慰安婦が存在したことは事実だが、これは現在も行われている女性の売春行為を含め、すべての女性に対して今後そういうことがないようにリーダーシップを取っていくことを示している。

慰安婦云々と批判を浴びるが、これは日本だけが行ったわけではない。戦時中の「慰安婦」は世界中の軍隊に存在しており、日本だけがターゲットにされていることそのものがおかしい、と言い換えることができる。

たとえば、ノルマンディ上陸作戦で米軍が慰安所を用意しなかったために、米兵の不法行為に膨大な数のフランス人女性が犠牲になったことが語り継がれているわけである。

## 中国の権威主義とAIIBの否定を想起させる一文

「私たちは、経済のブロック化が紛争の芽を育てた過去を、この胸に刻み続けます。だからこそ、我が国は、いかなる国の恣意にも左右されない、自由で、公正で、開かれた国際経済システムを発展させ、途上国支援を強化し、世界の更なる繁栄を牽引してまいります。繁栄こそ、平和の礎です。暴力の温床ともなる貧困に立ち向かい、世界のあらゆる人々に、医療と教育、自立の機会を提供するため、一層、力を尽くしてまいります。」

ここでは、たとえば中国の権威主義というか、中国の大国主義的な力による押しつけ型のものをすべて否定している、改めてＡＩＩＢの否定ともいえよう。

「私たちは、国際秩序への挑戦者となってしまった過去を、この胸に刻み続けます。だからこそ、我が国は、自由、民主主義、人権といった基本的価値を揺るぎないものとして堅持し、その価値を共有する国々と手を携えて、『積極的平和主義』の旗を高く掲げ、世界の平和と繁栄にこれまで以上に貢献してまいります。」

国際秩序（ワールド・オーダー）とは、法による支配、基本的価値観の共有と表裏一体の関係にある。これがまた再びここで執拗に繰り返されている。

価値を共有する国々と手を携えて、「積極的平和主義」の旗を高く掲げ、とある。これには韓国に対する布石があった。今春、外務省の韓国に対する文章の中で、基本的価値観を共有するというくだりが抜かれていたからだ。つまり、この時点で、日本政府は韓国の排除を決めていたのである。

「終戦80年、90年、さらには100年に向けて、そのような日本を、国民の皆様と共に創り上げていく。その決意であります。」

70年談話発表後、記者会見の席上、質疑応答が行われたので、その一部を見てみよう。

質問者は産経新聞の阿比留瑠比記者であった。

「今回の談話には、未来の子供たちに謝罪を続ける宿命を背負わせてはならないとする一方で、世代を超えて過去の歴史に真正面から向き合わなければならないとある。これはドイツのヴァイツゼッカー大統領の有名な演説の、『歴史から目をそらさないという一方で、自らが手を下してはいない行為について、自らの罪を告白することはできない』と述べたのに通じるような気がするのだが……総理の考えをお聞きしたい」

これに対し、安倍総理は、次のように答えた。

「戦後から70年が経過した。あの戦争には何ら関わりのない私たちの子や孫、その先の世代、未来の子供たちが謝罪を続けなければいけないような状況、そうした宿命を背負わせてはならない。これはいまを生きる私たちの世代の責任であると考えた。その思いを談話の中にも盛り込んだところである。

しかし、それでもなお私たち日本人は、世代を超えて過去の歴史に真正面から向き合わなければならないと考える。まずは何よりも、あの戦争の後、敵であった日本に善意や支援の手を差し伸べ、国際社会に導いてくれた国々、その寛容な心に対して感謝すべきであり、その感謝の気持ちは世代を超えて忘れてはならないと考えている。

同時に、過去を反省すべきである。歴史の教訓を深く胸に刻み、より良い未来を切り拓いていく。アジア、そして世界の平和と繁栄に力を尽くす。その大きな責任があると思っている。そうした思いについても、併せて今回の談話に盛り込んだところである」

以上、解説、考察してきたように、この70年談話は非常に面白いし、意味深長なものであったと思う。さらに踏み込んで考察を続けることにする。

## 罠が張り巡らされている文章

安倍総理の70年談話のポイントは、何といっても「あの戦争には何ら関わりのない、私たちの子や孫、そしてその先の世代の子供たちに、謝罪を続ける宿命を背負わせてはなりません。」と明言したことであろう。

これは第二次安倍政権の誕生後、国際社会のさまざまな場で行われた国際演説のベースはまったく変わらない。日本と基本的価値観を共有する国を支援し、将来に向けて手を携えていく。過去は変えられないが、未来は変えられる。未来を変えるのは政治の力であり、人の力である、ということをあえて強く述べたものである。

中国に対しては、中国国民党の蔣介石を引き合いに出して、いまの中国共産党政府がそれを引き継ぐ義務がある、ということに敢えて言及するという、非常に面白い文章になっている。

中国や韓国、欧米に対して、「戦争に関してはあなた方も同罪なのだよ」と強く謳っており、日本だけが悪いと言えなくする、いわば封じ込めのための、もっと言えば罠が張り巡らされている文章であるといえると思う。

本来このような文章は、読書感想文や読解力のテスト問題に使うと非常に面白いはずである。

## 談話すべてに渡って主語がないことの意味

集約するならば、この70年談話は欧米型の文章であると思う。

同談話は英語、韓国語、中国語で同時発表され、記者団に配られていた。

中国や韓国も当初はどう反応していいかわからず、強い反応に出られない状況だった。その後、2〜3日経って、日本の報道を一部輸入するような形で、一部批判的な論調が出たが、それ以上深い追及はなされなかった。それは同談話が文章的に非常によく練られたものであった証左であろう。

日本の基本外交方針は、第二次安倍政権発足以来ずっと崩れていない。

私としては、中国のバブル崩壊や東シナ海における中国と周辺国との衝突案件などを織り込み、改めてひとつの文章に清書して発表したのが今回の談話であると捉えている。

加えて同談話は、中国がこれまで進めてきた武力と金による強引な拡大路線、および戦後70年の中国側のパレードに代表される力による支配、力による強権的な運用を真っ向から否定するものである。

中国型の武力や力による支配、運用は金がなくなったら利かなくなる。こうして本音と建前をきちんと使ったうえで、国際社会を巻き込むというやり方をすれば、誰も批判ができない。またこれが人道的に反するかといえば、そんなことはまったくない。

京都の人に怒られるかもしれないが、これは上品さの中にしたたかさを内包する京都人がつくったような、非常にうまい文章である。ああ、日本もようやくこうした外交ができるようになったのだと感心した次第である。

今回のこの文書に関しては、正文が英語でつくられた後、各国に対訳がつけられる形で、出版で言う超訳方式で何度も練られたと聞いている。国によって若干表現が違うにしても、内容はまったく同じものになっている。

問題は、談話すべてに渡って主語がない、ということである。

曖昧さが残っているわけであるが、この曖昧さこそが極めて重要で、誰を批判しているわけでもなく、日本ではなく、世界というか人類として批判しているようなところにある。あえて主語をつけない文章に徹しているのが巧みと言おうか、本当に面白い。

これは国際社会との付き合い方にも通ずるところなのだが、基本的に外交とは仲良しクラブの延長ではないということだ。各国の利害が対立する中で自国が引くことは、自国民に迷惑をかけることになる。

# 終章

# 滅びゆく中国と日本の親中（媚中）勢力

## 古い自民党と党内野党の衰退

ここで少し、安倍政権の外交姿勢に触れておきたい。

第一次安倍政権の時からその傾向は強かったのだが、「党内から強く足を引っ張られる」状況がずっと続いてきた。ところが、解散総選挙に関して2度、参院選まで入れると3度の選挙に勝利したことで、自民党の古い体質がほぼ解消された。

日本が悪者でいる限り世界に迷惑はかからない、とする間違った日本人的な概念しか持たない政治家が永田町から、というより自民党からあらかた姿を消したからである。

2012年の解散総選挙前に、麻生・安倍という本来の自民党・宏池会の元プリンス、清和会のプリンス、左右の二大派閥のプリンス同士、お互いに没落したプリンス同士が手を組んだ。そして自民党圧勝後に第二次安倍政権が誕生した。

誕生前に、かつて自民党の主流と言われていた重鎮、たとえば石原慎太郎氏の長男伸晃氏を擁立しようとした勢力、石破茂氏を擁立しようと暗躍していた勢力の中核となった大物議員が次々と引退、あるいは落選の憂き目を見た。

そういう意味では、第一次安倍政権に対して後ろから矢を放った自民党の連中の大半が排除され、新陳代謝が行われた。

現在の安倍政権の中で明らかに獅子身中の虫的存在になりそうなのが、自民党総務会長を務める二階俊博氏であろう。この二階氏は筋金入りの親中派として知られる。その極め付けが、地元選挙区である和歌山県田辺市の新庄総合公園に、江沢民の揮毫と講話を中国語で刻んだ「日中国交正常化30周年記念碑」を建立する計画を立てたことであった。

幸い、周囲の猛反対により計画は中止に追い込まれたが、その後も自民党議員団を連れて北京詣でに勤しむなど、親中派としての行動をセーブする気はまったくないように思われる。

二階氏に関しては政権の外に置いておくと危ないので、総務会長にしたのだが、相変わらず言動は勝手気儘であり、本来立場的に支えなくてはいけない立場であるのに、総理批判を繰り返しているわけである。

しかし、安倍総理の無投票当選におわった自民党総裁選は彼らの無力化と衰退を印象づけるものにもなった。彼らが擁立しようとした野田聖子氏、かつての派閥の雄たちが必死に応援したにもかかわらず、結果的に推薦人の20名すら集められなかったのである。

## 伊藤忠出身の丹羽大使の人選は失敗だった

先にも触れたが、伊藤忠商事出身の丹羽宇一郎氏が中国大使を務めていた時代があった。これには裏があって、民主党政権時の岡田克也外務大臣がごり押しして、「中国通、中国ビジネスのエキスパート」の丹羽氏を北京に送り込んだのだった。

だが、丹羽氏が大使となったことで日中間の外交問題が解決したかというと、決して上手くはいかなかった。

なぜかと言うと、中国は役人が政治を支配する世界で、ある意味、いまだに士農工商がまかり通っているからである。

したがって、あくまでも民間人は役人より下の地位に甘んじることになる。

中国の会社制度においては、確かに公司の総経理職に就く者が最高経営者なのだが、それぞれの公司にナンバー2で中国共産党の出向者が企業に入っているわけである。実際にはその人たちが企業経営の中身を仕切ったり、賄賂を受け取ったりしており、事実上の実権を握るのはナンバー1ではなく、ナンバー2というのが中国の企業体の構造となっている。

そのような構造体の中で、民間人を大使に置いた場合に、どれだけの位置付けになるか、カウンターパートとして誰が出てくるか、という話になってくるのである。

先ほど述べた外交プロトコルで言えば、本来ならば同格だ。たとえば、日本から課長級を出せば、相手が出してくるのも課長級という形になる。次官なら次官級ということになる。

相手を特別に優遇する、厚くもてなす場合は、格上の人間が出てくることはあるけれども、そうでない限り、格上の人間が出てくることはない。

特命大使とはいえ、単なる民間人だから、中国側からすれば高級官僚を出して応じるのは、中国側が折れた形になってしまうわけである。メンツの国として、折れるわけにはいかない。

だから、外交交渉が進むわけがない。そんな人間をなぜ中国大使にしたのか。そこに第一に、民主党の外交センスのなさが現れているように思う。

あの頃はまだ中国経済も調子が良く、中国ビジネスに血道をあげる日本財界の要請も後押しして、民主党は丹羽氏を北京に送り込んだという話も聞こえていたが、それはちょっとニュアンスが違う。

なぜなら、伊藤忠商事はもともと中国の大陸利権で潤ってきた商社であるからだ。国内総合商社第4位ながら、対中国ビジネスに関してはトップを争う力を持っているのが伊藤忠だ。やはり、大陸で関東軍人脈を持っていた元会長・瀬島龍三氏の影響力がものを言ったはずである。

だからこそ民主党は瀬島氏の後輩、伊藤忠の元会長の丹羽氏を中国向けのカウンターパートに仕立てたのだと思う。同時に、中国に進出している日本の小売り流通業の最大手がイオンだからではないのか。日本の小売り流通業で対中投資額トップはイオンであるし、言わずもがな岡田元外相の実家でもある。

## 壊滅の危機に瀕する日本勢が頼りにしてきた中国人脈

伊藤忠の6000億円の投資が大問題になっているように、いままで中国を利用して儲けてきた企業や、中国を利用してきた人たちにとっても今回の中国のバブル崩壊が大きなダメージとなる可能性が高まってきた。

当然、中国という国家に依存し、中国と寄り添うことによって大きな利益を得てきた企業や人たちにとって、バブル崩壊はその金主がいなくなることを意味し、場合によっては出資企業に対し、多大なダメージを与えてしまうことになろう。

たとえば、一般企業で中国相手のビジネスをしていたとしよう。ＬＩＸＩＬの例ではないけれども、もしその相手先企業が倒産したら、その担当者および責任者、そこに関わった人たちは当然左遷されることになるわけで、それは必然的に中国人脈の消滅を意味する。

自民党に関しても、親中派、知中派（なんという表現をしたら良いのかわからないけれども）と言われている二階氏であるが、中国のバブル崩壊とともに、二階氏が連綿と続けてきた中国での古い人脈は消えていく可能性が高い。

いま、中国国内において大きくクローズアップされているのが、いわゆる上海閥を中心とした江沢民体制が崩壊の危機に瀕していることだ。自民党の二階氏が頼りにし、後ろ盾となってきたのが上海閥である。領袖は言うまでもなく、今年89歳の江沢民元国家主席である。

１９７８年、鄧小平主導で始まった中国の改革開放路線。同路線を花開かせたのが、１９８９年に総書記に就任した江沢民であり、彼の時代に日本企業は大量に中国進出を果たした。

中国の改革開放の初期段階から積極的に投資を進めてきた日本企業の代表が松下電器である。松下電器が中国に進出したのは、「経営の神様」と称された創業者の松下幸之助が鄧小平の要請を受けたためであった。その松下電器（現在のパナソニック）も中国からの撤退を決めつつあるのが現状なのだ。そして今回のバブル崩壊を考えた場合、中国の経済人脈との断絶が進むのが自然の成り行きではないか。

中国には、「井戸を掘った人を大事にする」（吃水不忘挖井人）という諺がある。しかし、これはおまじないのようなものだと思ったほうがいい。その証拠に、2012年9月に中国全土に吹き荒れた反日暴動の際、パナソニックの工場はデモ隊に襲撃され、最後には放火までされた。

トヨタの販売店も、イオンの大型店舗も、スーパーの平和堂も、完膚なきまでに破壊されたのは記憶に新しい。これでようやく親中と言われる日本企業も、井戸を掘った人を大事にするのが単なる大義名分でしかないことを認識したのではないか。

今年5月、二階氏が3000人の訪中団を引き連れて、北京入りした。人民大会堂で行われたレセプションには習近平国家主席が登場したと大々的に報じられた。二階氏が連れて行ったのは、同氏が会長を務める「全国旅行業協会」のメンバーで、そのほとんどが地方の中小・零細旅行エージェント、無理矢理動員をかけたのが真相である。

それでも交流イベントには、日本からは約20人の国会議員、財界からは御手洗冨士夫・

日本経団連名誉会長らも顔を揃え、二階氏の面子を立てた格好になった。

こんなしょぼいレセプションに、中国の三権を掌握する習近平が出て来ざるを得なかった状況こそが、中国のいまの苦渋を表しているのではないか。

## すべてが粉飾にまみれている中国の経済体

冒頭でも申し上げたが、中国の経済のバブル崩壊速度は、他に類をみない速度で進んでおり、第1波から第4波のプロセスがわずか1ヵ月余りという異常な事態を呈している。なぜこのようなことが起きたのか。この本質的な原因を考えなくてはいけないのであろう。もっとも端的かつ合理的にそれを指摘するならば、中国の経済体すべてが粉飾にまみれているということだ。

本書で詳しく扱った外貨準備もそうだが、経済に関するなにもかもがその根本から不透明で、人為的な粉飾が施されている可能性が強い。

たとえば中国の不動産は、当然ながら、土地の所有権を認めていない。共産主義であるがゆえに土地の使用権は認めているが、所有は認めていないわけである。つまり不動産の使用権を皆が売買している状況にもかかわらず、この財産権が本質的に認められるかどうかは誰にもわからないのである。

ある日突然、中国共産党が不動産を一方的に接収するなど日常茶飯に起きている事象をどう説明すればいいのか。これも誰にもわからない。

たとえば、中国地方政府が開発した大量の宅地を、中国中央政府が「われわれがここを開発する、道路にする」と宣して、一方的に接収するのが可能なのが中国である。

今回の天津大爆発の跡地を、エコ・パークにするという話が出てきており、同跡地周辺のマンションを開発したデベロッパーに対して分譲不動産を買い戻すよう政府が命じた、という話が伝わってきた。

だが、これもどのような所有権、どのような使用権、また、企業の責任がどこまであるかまったく言及されない。

これが中国共産党の独裁政治の良いところでもあるのだが、同時にこれが不透明極まりないガバナンスを生んでいるわけである。このような状況で、外国人投資家が中国の不動産を買うわけがない。

## 中国のバブル崩壊が著しく速い速度で起きている本当の理由

また、このような状況は、銀行も同様である。中国の銀行は当然、企業に対して貸し出しを行っているわけだが、貸出基準がどのように決められているのか、ガバナンスが成立するかもわからない。

日本においても、バブル末期に縁故融資や不正融資が大きな問題になったが、これは損失が出始めてから初めて露見するものである。

対して中国の場合、共産党があまりにも強い権限を持っており、融資までの口利き、銀行への介入が容易に想像できるわけで、銀行が保有する担保が本当に担保として確保できているのかも不透明なのだ。

これを象徴する出来事がさまざまある。

中国企業の一部は財テクと称し、いわゆる商品先物投資を行ってきたのだが、この商品の倉荷証券（倉庫証券のひとつで、商品が確保されていることの担保になる証券）が二重にも三重にも発行されているという話が多々出てきているのである。

つまり、本来あるはずの担保がどこまで実際に存在するのか、誰もわからない状況になっている。

また、企業の決算も粉飾だらけであることが常識となっている。1990年代の中国企業は投資家を欺くために財務諸表をいくつも用意していた。いまだにその悪弊が修正されていないどころか、監督する政府さえもが手を焼いている。

実際に、企業業績が悪いために産業支援政策を打とうする場合、どこがどれだけ傷んでいるかわからないケースが膨大に発生している。こうした状況では、政府として資金の提供方法もなく、支援のしようもない。

誤解を恐れずに言えば、中国は政治も経済もすべて人治主義で回ってきた。要は、縁故（コネ）がなければなにも動かない世界なのだ。逆に言えば、縁故ゆえの決定速度の速さ、縁故であるがゆえの優遇、融通によって成立してきたのが中国の実相ということになる。

縁故に基づく優遇や融通は国際化にともない不可能になると同時に、バブルが弾けてここにきて損が出始めたことで、皆の間で損の押し付け合いが始まっている。

その片棒を担いできた銀行が大きなダメージを受けるのは必至だし、その資金を出していた元の貸し手・出し手も大きなダメージを受けることは容易に想像できる。

元来、中国人は中国の銀行に預金をしたがらない。

中国人が理財商品を買うのは、預金金利が安くインフレ率を下回ることによって、銀行に預金しておくと目減りしてしまうという基礎構造もあるが、それ以上に銀行を信じていないという巨大な中国リスクも内在しているわけである。

銀行の倒産は何を意味するのか。その銀行自体が倒産するだけでなく、その銀行に預金している人たちの資産が消えることを同時に意味する。

日本でもバブル末期、銀行倒産によって預金が減額になる、ならないという大きな問題になった。これと同じことが中国で起きる可能性が高い。保険も同様だ。その場合に、今後どのようにして、ただでさえ信用のない中国国内銀行に預金を集めることができるのだろうか。

中国人は中国政府を信用していないがゆえに、リスクが高まると中国人自ら資金を海外に移してしまう。今回起きているキャピタルフライトも、外国人によって引き起こされているだけではなく、実は中国の国内資金が海外に逃げているという要素も非常に強いのだと思われる。

誰も信用できない、なにもかも信用ならない。中国人が抱える、中国ならではの事情があるがゆえに、バブル崩壊が著しく速い速度で起きているのだと私は想像するのである。

## 中国はフォルクスワーゲンを乗っ取れるのか

9月22日、ドイツ自動車大手フォルクスワーゲンによるディーゼルエンジン排ガス規制偽装工作は世界中で波紋を呼んでいる。不正のあった車両は2008年以降に売られた1100万台ともいわれ、報道が明らかになるにつれ同社だけでなく、世界中の自動車株が値下がりするなどの副次作用もあったほどだ。

現在、懲罰的倍賞を含む米国の制裁金だけで最大2・2兆円と伝わっている。これに他国や民間の集団訴訟などの賠償金が加われば、いくらになるのかわからないとまでいわれているわけである。当然、ドイツ政府などが自国産業保護のため、米国政府に働きかけるなどして、制裁金の減額に対応するものと思われるが、政治的に解決できるのは政府による制裁金部分だけであり、民間の損害賠償までは及ばない。

また、今回のケースの場合、過失が原因ではなく作為的に行われており、集団訴訟などに対応する保険が払われる可能性も低いといわれている。こうなると企業が全額負担せざるを得ず、制裁金と賠償金のバブルパンチで破綻がささやかれる状況になっているわけである。

## フォルクスワーゲングループの業績は急拡大！

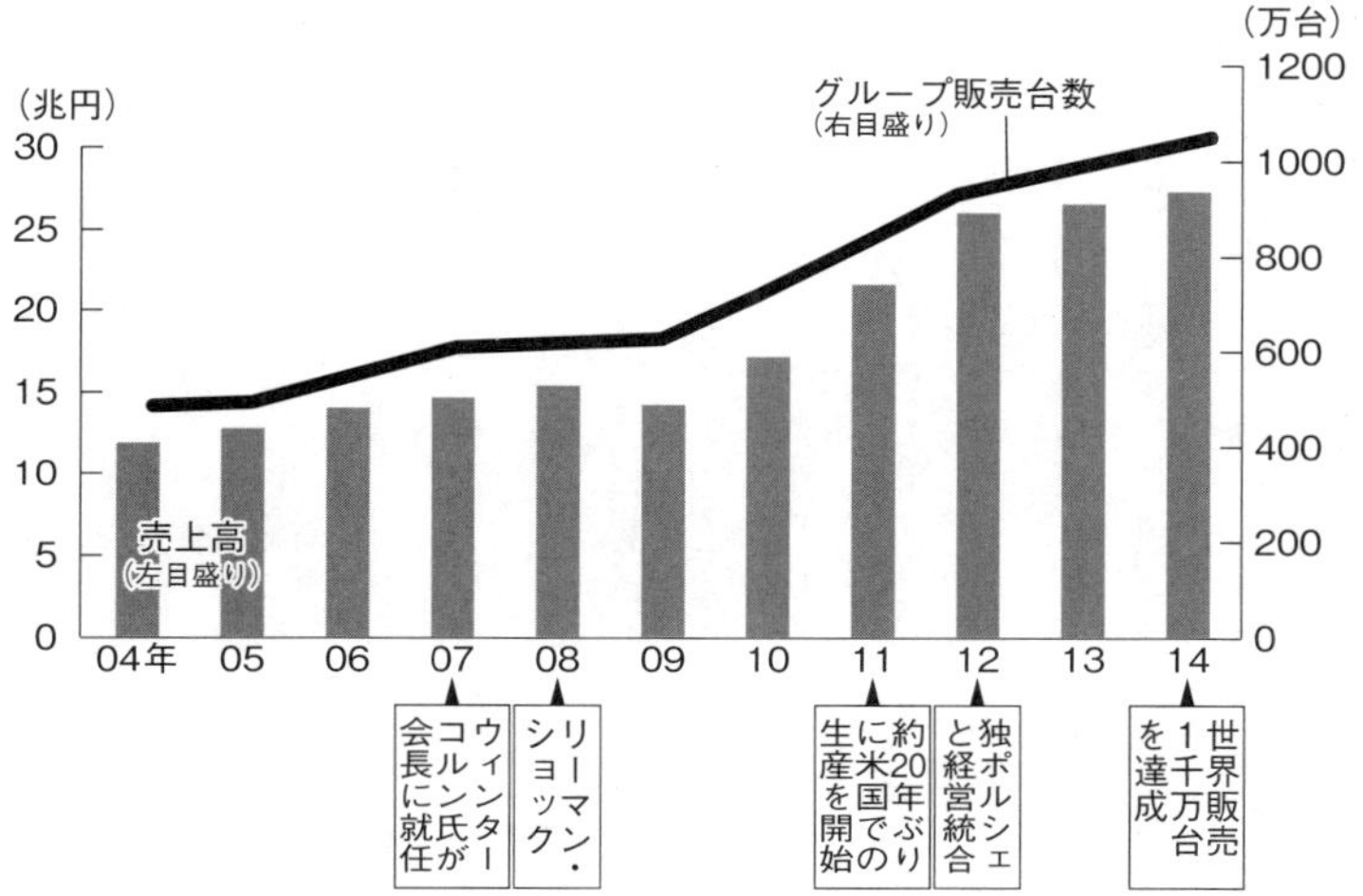


そして、巨大な自動車企業の倒産は世界経済に大きな負の影響を与える可能性も高い。現在の自動車は単なる金属の塊ではなく、最新の化学樹脂やコンピューターなど特殊素材の塊であり、もっとも産業連関（他の産業への波及効果）の高い業種のひとつになっているわけである。

だからこそ米国はクライスラーやGMの破綻の際、通常の破綻処理を取らず積極的に政府支援したわけで、現在もフランス政府がルノーやシトロエンを支援しているのである。日本も同様であるが、自動車産業は国家の礎ともいえる産業なのだ。

実は、今回問題になっているフォルクスワーゲンはもっとも中国と関係が深い自動車企業である。中国市場にもっとも深く入り込み、もっとも販売台数（約300万台＝2013年）を上げている企業であることも述べておかなくてはならないだろう。また、それにともないさまざまなドイツ企業が中国投資を拡大し続けてきたわけである。

特にサブプライム発生後は米国が海外事業を縮小し、中国から撤退を続ける中で、その利権を奪うかのごとく、ドイツは積極的な投資を進めてきたわけだ。

ドイツと中国、欧州先進国の雄とアジアの新興勢力。一見、この2つの国は政治的にまったく関係ないように見えるのだが、実は、ドイツは旧共産圏の国ともつながりが深いのである。なぜならば、旧東ドイツを国内に内包しているためであり、現首相のメルケルも東ドイツで生まれ育った経験を持っているわけである。また歴史的に見ても、中国の国民党を支援していたのはナチスドイツであったのである。

ドイツと中国は陸つながりであり、歴史的に見ても遠い関係ではないといえるのだろう。

そして問題となるのは、フォルクスワーゲンが破綻した場合ということになる。いくつかのシナリオが考えられるが、ひとつはドイツ政府などが中心に再生支援を行うというものである。この場合、中国などにある国外資産の売却なども想定される。そして最悪のシナリオは、中国が債務と引き換えにフォルクスワーゲンを買ってしまうことであろう。この場合、中国は完全な国内資本の自動車会社と最新技術を手に入れることになるわけである。そして、そこにはさまざまな軍事転用技術も含まれることだろう。

しかし、このようなシナリオを欧米は歓迎しないものと思われる。また、そのような事態が発生するリスクが高まった場合、米国は徹底的な妨害をする可能性も高い。米国は中国のこれ以上の拡大を望んでおらず、軍事的拡張を世界の大きなリスクと捉えており、先の制裁金の交渉においても、その後の展開を見据えた政治交渉が行われるものと思われる。

そして中国による積極買収ができるのはバブルマネーの余波が存在するためである。バブルの崩壊や外貨準備など不信な点は多いが、中国がまだ健全な範疇にあるとされているからである。だからこそ、この幻想を守るために中国高官は、国際会議などで中国は健全であると言い続けるわけである。中国政府は2015年7－9月期のGDP予測を7％成長のまま引き下げておらず、これを達成できるとしている。電力使用量や鉄道貨物輸送量などを見る限りありえない話であり、バブル崩壊による影響がないわけもないのだ。


実体経済の悪化が顕著化しこの嘘を認めなくてはいけなくなった時、現在の虚構にまみれた中国経済は終わりを告げるのであろう。くりかえしになるが、バブルが崩壊後、実体経済への影響が顕著化するまでに約6ヵ月から8ヵ月かかるといわれている。もう残された時間はわずかである。

【著者略歴】
**渡邉哲也**（わたなべ・てつや）
作家・経済評論家。1969年生まれ。日本大学法学部経営法学科卒業。貿易会社に勤務した後、独立。複数の企業運営などに携わる。インターネット上での欧米経済、アジア経済などの評論が話題となり、2009年に出版した『本当にヤバイ！欧州経済』（彩図社）がベストセラーとなる。内外の経済・政治情勢のリサーチ分析に定評があり、さまざまな政策立案の支援から、雑誌の企画・監修まで幅広く活動を行う。主な著書に『ヤバイほどおもしろ楽しい台湾見聞録』、『仁義なき世界経済の不都合な真実』（三橋貴明との共著）、『儲』（以上、ビジネス社）、『中国壊滅』、『ヤバイ中国』（以上、徳間書店）、『日本人が知らない世界の「お金」の流れ』（PHP研究所）などがある。

撮　　影／外川　孝

**余命半年の中国経済**

2015年11月2日　第1刷発行
2015年11月19日　第2刷発行

著　者　渡邉哲也
発行者　唐津　隆
発行所　株式会社ビジネス社
〒162-0805　東京都新宿区矢来町114番地
神楽坂高橋ビル5F
電話　03-5227-1602　FAX　03-5227-1603
URL　http://www.business-sha.co.jp

〈カバーデザイン〉常松靖史（チューン）
〈本文組版〉茂呂田剛（エムアンドケイ）
〈印刷・製本〉半七写真印刷工業株式会社
〈編集担当〉本田朋子　〈営業担当〉山口健志


ISBN978-4-8284-1845-2

## 渡邉哲也の本

# 儲（もうけ）国益にかなえば経済はもっとすごくなる！

渡邉哲也……著


定価　本体１３００円＋税
ISBN978-4-8284-1709-7


**大動乱時代の先を読む！**

ベストセラー作家・渡邉哲也氏の注目作！日本経済はこのまま上向き加減で進むのだろうか？　ＴＰＰは？　消費税はどうなる？　アメリカは？　ＥＵは？　世界経済の裏を知り尽くす著者が「マネー」をキーワードに、いま世界で行われている経済の状況を語り尽くす。

**本書の内容**

## 渡邉哲也の本

# ぶっちゃけ話だからよくわかる！
# 仁義なき世界経済の不都合な真実

三橋貴明・渡邉哲也……著

定価　本体1200円＋税
ISBN978-4-8284-1755-4

**面白いほど迷走する**
**世界と日本の悲劇！**

世界経済は今、大きな曲がり角に差し掛かっている。世界を不幸にしたグローバル経済をいかに安楽死させ、かつ、わが国の現政権が主張する「日本を取り戻す」を真に実現するためには何が必要かを討論。

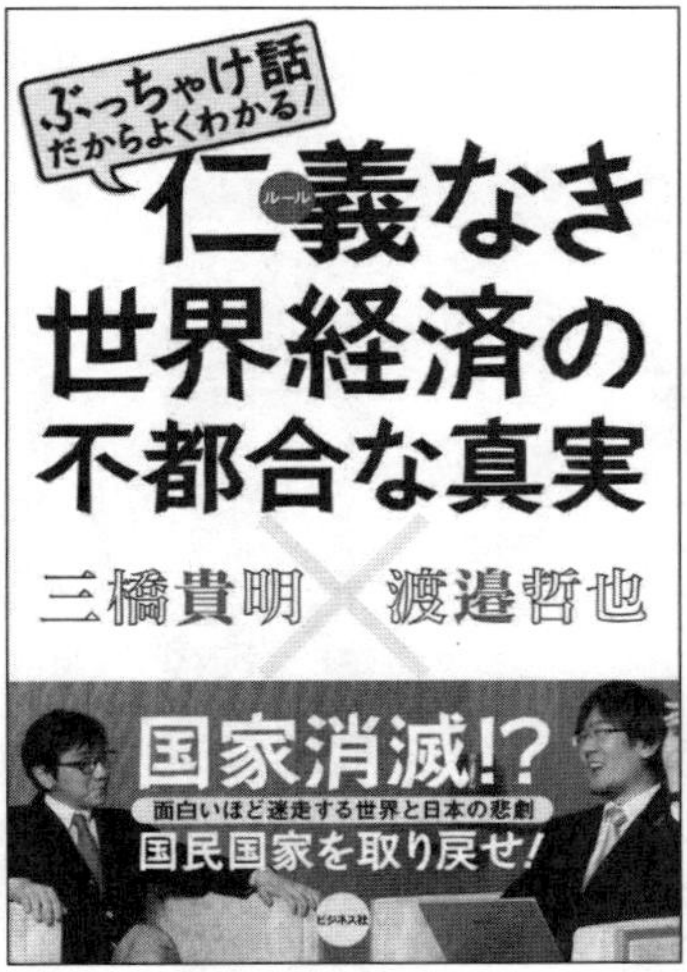


**本書の内容**

## 渡邉哲也の本

# ヤバイほどおもしろ楽しい台湾見聞録

渡邉哲也……著

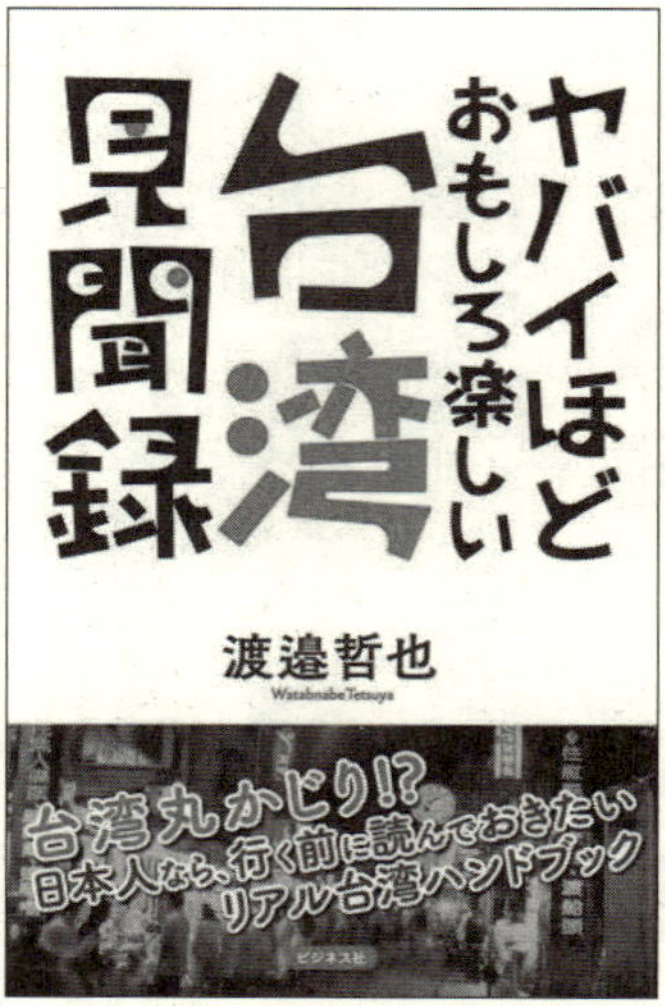


定価　本体1000円＋税
ISBN978-4-8284-1789-9

**これ1冊で台湾のすべてがわかる!**

日本人なら、行く前に読んでおきたいリアル台湾ハンドブック。これまでとは一味違った視点から台湾の表層だけでなく深層までを紹介した台湾観光協会も推薦する、〝病み付き〟になること間違いなしの台湾丸かじりガイドブック。

**本書の内容**

第1章　日本人ならここへ行くべき
第2章　台湾とはどういう国なのか
第3章　台湾の最先端情報
第4章　日本にとって台湾はどれほど重要か
第5章　歴史秘話　日台断交